스타일링이 쉬운

핸드메이드 여성복 II

사토 카나

HANDIS

책을 시작하며

새로운 계절이 찾아오면 마음이 들뜨고 소잉을 하고싶은 의욕도 샘솟습니다. 실용적일 뿐만 아니라, 계절에 맞게 좋아하는 원단으로 직접 만든다는 것은 상상만으로도 멋진 일입니다. 그런 상상을 실천으로 옮긴 것이 바로 이 책입니다. 심플하고 실용적인 패턴을 활용하여 옷을 만들어보세요. 직접 만든 옷을 입고, 멋진 일상을 즐겨 보는 것은 어떨까요?

CONTENTS

책을 시작하며
p.3

A

tops&one-piece

A-1
포켓 블라우스
p.6, 58

A-2
리본 튜닉 블라우스
p.8, 60

A-3
레이스 장식 블라우스
p.9, 62

A-4
개더 튜닉 원피스
p.10, 66

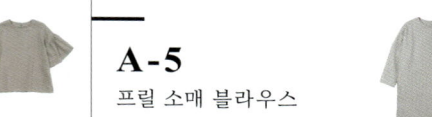

A-5
프릴 소매 블라우스
p.12, 63

A-6
프릴 장식 블라우스
p.13, 64

A-7
레이스 소매 원피스
p.14, 68

A-8
튜닉 원피스
p.16, 69

A-9
노칼라 재킷
p.18, 70

A-10
노칼라 코트
p.19, 70

B

gather & tuck skirt

B-1
개더 스커트
p.20, 72

B-2
리본 스커트
p.22, 73

B-3
턱 스커트
p.24, 74

C

cache cœur

C-1
철릭 블라우스

p.32, 76

C-2
철릭 원피스

p.34, 79

D

tight skirt

D-1
7부 턱 스커트

p.36, 80

D-2
서스펜더 스커트

p.38, 83

D-3
울 타이트 스커트

p.40, 84

E

wide pants

E-1
가우초 팬츠

p.42, 85

E-2
화이트 리넨 팬츠

p.44, 85

E-3
앞주름 팬츠

p.45, 88

E-4
도트 무늬 팬츠

p.46, 90

E-5
사이드 라인 팬츠

p.48, 92

E-6
코듀로이 팬츠

p.49, 93

[추천 코디네이션!]

책 속 아이템들을 이용한

다양한 스타일링 20

pattern A , B

p.26

pattern C , D , E

p.50

HOW TO MAKE

p.57

5

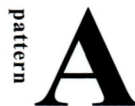

pattern

A tops&one-piece
상의&원피스

심플한 풀오버는 원단을 가리지 않고 만들 수 있는 활용도 높은 패턴입니다. 뒤트임을 주어 단춧구멍 없이 간단하게 완성할 수 있습니다. 밑단이나 소매의 기장을 수정하여 다양한 아이템으로 활용해보세요.

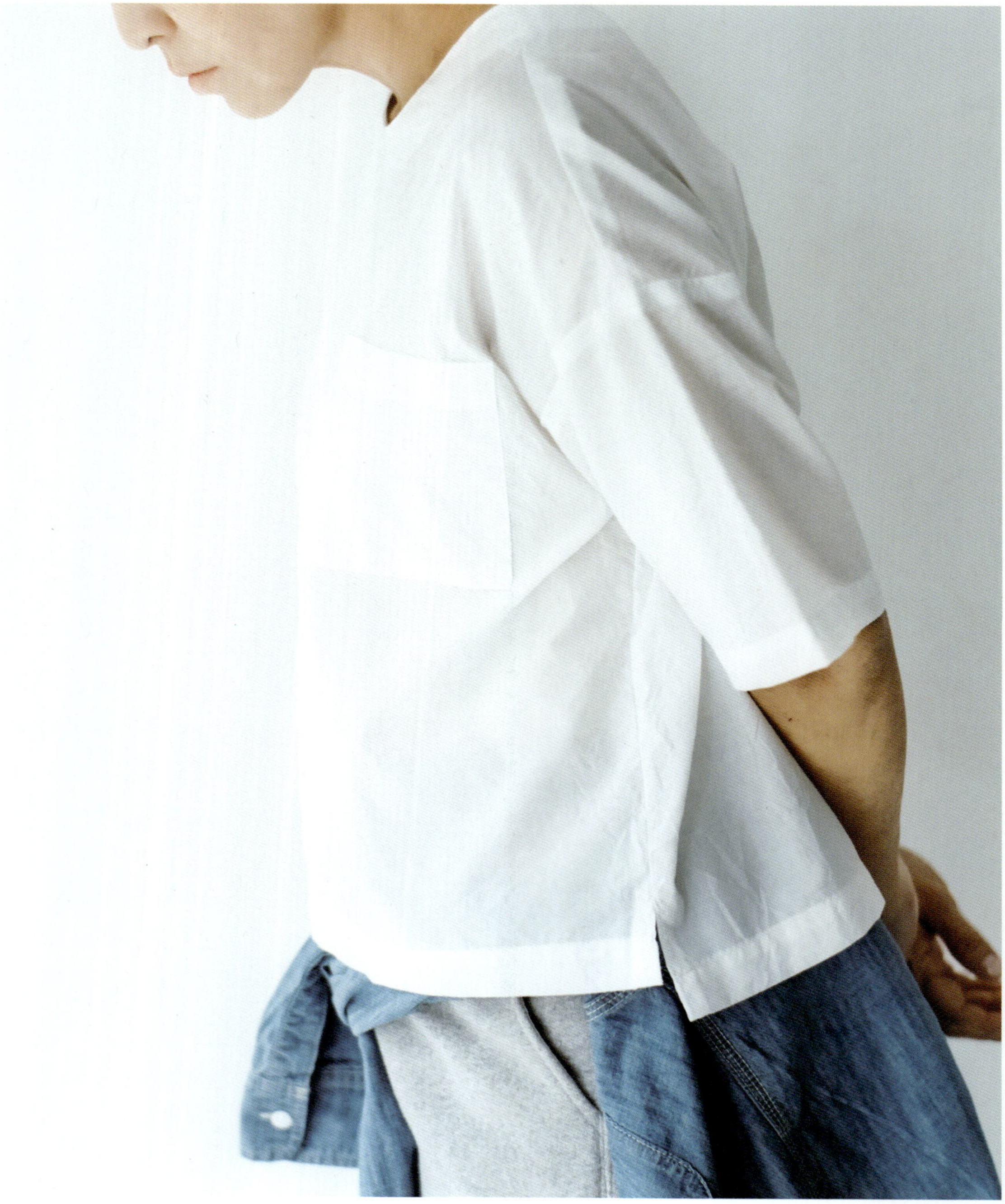

A-1

포켓 블라우스

how to make ▶ p.58

앞주머니가 달린 티셔츠 형태의 블라우스입니다. 밑단
양 옆선에 트임을 주고 살짝 언발란스한 기장으로 만들
었기 때문에 편하게 입기 좋은 아이템입니다.

A-2

리본 튜닉 블라우스

how to make ▶ p.60

심플한 데님 원단의 블라우스에 리본벨트로 묶어
포인트를 준 리본 블라우스입니다. E-5의 팬츠와
같은 원단으로 만들어 세트처럼 코디하면 더욱 멋
진 스타일링이 완성됩니다.

A-3

레이스 장식 블라우스

how to make ▶ p.62

잔 체크무늬 원단으로 만든 블라우스입니다. 네크
라인에는 자잘한 레이스를 달아 귀엽게 포인트를
주었습니다. 화이트 컬러의 서스펜더 의상과 코디
하여 입으면 더욱 귀여운 느낌의 블라우스가 완성
됩니다.

A-4

개더 튜닉 원피스

how to make ▶ p.66

작은 꽃무늬의 리버티 원단으로 만든 원피스입니다.
허리에 고무줄로 주름을 잡아 실루엣에 변화를 주어
고급스러운 느낌을 더해준 아이템입니다.

A-5

프릴 소매 블라우스
how to make ▶ p.63

소매에 주름을 잡아 볼륨감을 준 블라우스입니다.
소매에 포인트를 주었기 때문에 무지 리넨 원단으로
만들어 심플하게 연출해보세요.

A-6

프릴 장식 블라우스

how to make ▶ p.64

밑단의 길이를 짧게하고 큰 프릴을 달아 준 블라우
스입니다. 네크라인 둘레를 배색 원단으로 만들어 칼
라처럼 연출할 수 있도록 포인트를 준 아이템입니다.

A-7

레이스 소매 원피스
how to make ▶ p.68

소매 대신 폭이 넓은 레이스를 달아 포인트를
준 원피스입니다. 대비되는 컬러의 원단과 레
이스로 멋스럽게 연출해보세요.

A-8

튜닉 원피스

how to make ▶ p.69

누구나 편하게 입을 수 있는 화려한 프린트 원단의
튜닉 원피스입니다. 감촉이 좋은 더블거즈 소재로
만들면 더운 날씨에도 쾌적하게 착용하기 좋습니다.

A-9

노칼라 재킷

how to make ▶ p.70

앞몸판 패턴을 2장으로 재단하여 재킷으로 만들었습니다. 구김에도 걱정없는 소재로 만들면 편하게 들고 다니기 좋은 아이템이 됩니다.

A-10

노칼라 코트

how to make ▶ p.70

A-9 몸판 패턴의 기장을 늘려 만든 롱코트입니다. 안감을 따로 달지 않았기 때문에 외출 시 가볍게 걸치기 좋은 아이템입니다. 부드러운 감촉의 리넨 울 소재로 만들면 쌀쌀한 날씨에도 입기 좋습니다.

B

gather & tuck skirt

개더&
턱스커트

개더를 잡거나 턱을 접어 디테일에 풍성한 변화를 준 색
다른 느낌의 스커트입니다. 사용하는 원단에 따라 캐주
얼한 스타일부터 클래식한 스타일까지 원하는 스타일로
여러 벌 만들어 다양하게 연출해보세요.

B-1

개더 스커트

how to make ▶ p.72

빈티지한 느낌의 프린트 원단으로
만든 개더 스커트입니다. 적당한 양
의 주름을 잡아 볼륨감을 준 스커
트로 우아한 느낌이 가득합니다. 심
플한 아이템과 함께 매치하면 부담
스럽지 않게 연출할 수 있습니다.

B-2

리본 스커트

how to make ▶ p.73

광택감이 돋보이는 새틴 원단으로 만든 고급스러운
느낌의 스커트입니다. 스커트와 어울리는 컬러로
리본을 만들어 포인트를 주면 한층 여성스러운 느
낌의 스커트가 완성됩니다.

B-3

턱 스커트

how to make ▶ p.74

크게 접은 턱으로 포인트를 준 턱 스커트입니다.
뒤쪽 허리둘레에 고무줄을 달아 입기 편한 디자인
입니다. 심플한 매력의 턱 스커트는 내추럴한 컬러
로 연출하여 자연스러운 멋을 살려보세요.

책 속 아이템들을 이용한
다양한 스타일링

pattren A , B

베이직한 상의, 원피스, 스커트는 평범한 일상복으로
즐겨 입기 좋은 꼭 필요한 아이템입니다. 계절에 맞게
다양한 스타일링을 연출해보세요.

???

COORDINATE
01

옅은 톤으로
우아한 분위기를 연출

COORDINATE
03

COORDINATE
02

SET UP STYLE

GETTING
READY

COORDINATE
04

COORDINATE **01**

화이트 컬러의 블라우스와 7부
데님 스커트를 매치한 단정한 스
타일입니다. 레드 컬러의 카디건
을 어깨에 가볍게 둘러주면 심플
한 스타일링에 포인트가 됩니다.

COORDINATE **02**

상·하의를 같은 원단으로 만들어
한 벌처럼 연출했습니다. 블랙 컬
러의 액세서리로 통일감을 주어
시크한 스타일링을 완성해보세요.

COORDINATE **03**

원피스 위에 오버 사이즈의 상의
를 레이어드하면 마치 스커트를
입은 것처럼 연출할 수 있습니다.
비슷한 컬러의 아이템을 매치하면
실패없는 스타일링이 완성됩니다.

COORDINATE **04**

스트라이프 리넨 원피스 위에 비
슷한 길이의 코트를 매치하여 깔
끔하게 스타일링 했습니다. 부드
러운 컬러의 아이템을 매치하여
따뜻한 느낌을 더해보세요.

pattren A, B

COORDINATE
05

COORDINATE
06

COORDINATE
07

COORDINATE
08

↑ ↑ ↑

리넨 원피스를
가을 옷으로 연출!

COORDINATE **05**

차분하고 여성스러운 느낌의 개
더 원피스에 후드 집업을 가볍
게 걸쳐 캐주얼한 느낌을 더했
습니다.

COORDINATE **06**

클래식한 스타일의 트렌치 코트
에 화려한 프린트가 매력적인 스
커트를 살짝 보이도록 연출하면
스타일리시한 인상을 줄 수 있습
니다.

COORDINATE **07**

화이트 컬러의 블라우스에 볼륨
있는 큐롯팬츠를 매치하여 편안
한 느낌의 스타일링을 완성했습
니다. 컬러감 있는 운동화와 함께
매치하면 캐주얼한 분위기가 더
해집니다.

COORDINATE **08**

리넨 원피스를 레이어드하여 사
계절 내내 연출해보세요. 소매의
레이스와 신발의 컬러를 맞추면
센스있는 스타일링이 완성됩니다.

READY TO GO

COORDINATE
10

블랙 컬러의 레이스로
고급스럽게 연출

COORDINATE
09

WITH
A BASKET

COORDINATE
11

COORDINATE
12

COORDINATE 09

블라우스에 넉넉한 실루엣의 팬
츠를 매치하면 외출할 때 입기
좋은 여유로운 느낌의 스타일링
이 완성됩니다.

COORDINATE 10

레이스가 달린 슬리브리스 탑 위
에 블라우스를 겹쳐 입은 레이어
드룩입니다. 블랙으로 통일한 소
품이 스타일을 한층 멋스럽게 만
들어 줍니다.

COORDINATE 11

화이트 컬러의 개더 스커트와 대
비되는 네이비 컬러 재킷을 매치
하여 더욱 돋보이는 스타일링을
연출했습니다. 상의는 프린트 티
셔츠로 캐주얼한 느낌을 더해보
세요.

COORDINATE 12

스커트의 리본 벨트와 같은 컬러
의 상의를 매치하여 통일감을 주
었습니다. 비슷한 컬러의 액세서
리를 더해 우아한 스타일링을 완
성해보세요.

pattren A , B

!!!

차분한 스타일에 어울리는
블랙 로퍼를 매치

COORDINATE
14

COORDINATE
15

FRONT

BACK

COORDINATE
13

COORDINATE
16

COORDINATE **13**

귀여운 느낌의 도트 무늬 팬츠에
재킷을 매치하여 차분한 느낌을
더했습니다. 강렬한 컬러의 구두
로 포인트를 주세요.

COORDINATE **14**

그레이 컬러의 코트와 화이트 컬
러의 팬츠를 매치하여 차분한 스
타일링을 완성했습니다. 모노톤의
아이템으로 따뜻함이 돋보이는
스타일링입니다.

COORDINATE **15**

단색의 후드티에 빈티지 프린트
의 스커트를 매치했습니다. 스커
트 하나만으로도 포인트가 되는
스타일링입니다.

COORDINATE **16**

맥시 길이의 플리츠 스커트와 블
라우스를 매치하여 여성스럽게
연출했습니다. 가볍게 롤업한 소
매와 블라우스의 리본 디테일로
더욱 멋스러운 느낌입니다.

신발은 샌들로
가볍게 연출

COORDINATE
18

COORDINATE
17

YES?

WEARING
GLASSES

WITH
ONE-PIECE

COORDINATE
19

COORDINATE
20

COORDINATE **17**

베이직한 셔츠와 니트 조끼를 매
치하여 스쿨룩 스타일을 완성했
습니다. 단정한 스타일의 구두를
매치해보세요.

COORDINATE **18**

프릴 소매의 상의와 내추럴한 리
넨 캐미솔 원피스를 레이어드하여
가벼운 외출룩을 완성했습니다.

COORDINATE **19**

적당한 길이의 드레이프 카디건
을 걸치면 쌀쌀한 날씨에도 입을
수 있는 옷차림이 됩니다.

COORDINATE **20**

원피스 아래로 광택있는 핑크 스
커트를 살짝 보이도록 레이어드
했습니다. 캐주얼한 느낌의 액세
서리를 매치하면 발랄한 느낌이
더해집니다.

C cache cœur
철릭 스타일

레이어드하기 좋은 철릭 스타일의 패턴을 이용하여 상의와 원피스를 만들어보세요. 적당한 포인트를 살린 실루엣은 여성스러움을 극대화해줍니다.

C-1

철릭 블라우스

how to make ▶ p.76

몸판과 소매를 각각 다른 원단으로 배색한 철릭 블라우스입니다. 통풍이 잘 되는 원단으로 만들면 더운 날씨에도 입을 수 있는 아이템이 됩니다.

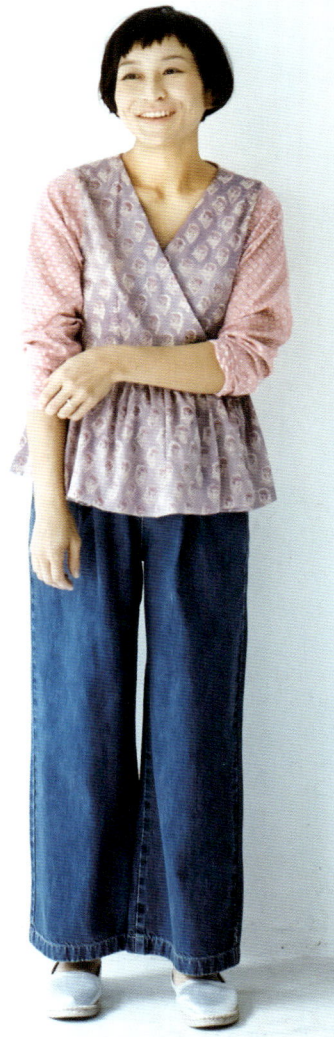

C-2

철릭 원피스

how to make ▶ p.79

시선을 끌어당기는 선명한 블루 컬러의 철릭 원
피스입니다. 기본 스타일의 철릭 원피스지만, 허
리 부분에 주름을 잡아 볼륨감을 주고 눈에 띄
는 색상의 원단으로 만들어 포인트를 준 아이템
입니다.

D tight skirt

타이트 스커트

단정한 실루엣의 타이트 스커트입니다. 지퍼 없이 고무줄만 달았기 때문에 초보자들도 쉽게 만들 수 있습니다. 착용감이 편한 스커트를 완성해보세요.

D-1

7부 턱 스커트
how to make ▶ p.80

블랙 컬러가 멋스러운 7부 턱 스커트입니다. 디테
일을 최소화하여 심플한 디자인으로 완성했습니
다. 무릎 아래로 떨어지는 타이트한 일자 라인은
시크한 느낌을 더해줍니다.

D-2

서스펜더 스커트
how tc make ▶ p.83

타이트 스커트에 폭이 넓은 서스펜더를 달아준 스커트입
니다. 레트로 스타일의 개성있는 디자인이며, 다양한 원단
으로 만들면 사계절 내내 활용하기 좋은 아이템입니다.

D-3

울 타이트 스커트

how to make ▶ p.84

작은 격자 무늬의 울 원단을 사용하여 추운 계
절에도 입을 수 있는 타이트 스커트입니다. 폭이
넓은 허리벨트로 시크하고 클래식한 스타일을
완성해보세요.

pattern

E

wide pants
와이드 팬츠

새로운 기본 아이템으로 떠오른 와이드 팬츠. 사용하는 원단이나 길이에 변화를 준 다양한 디자인의 팬츠를 소개합니다. 매니시, 페미닌, 내추럴 등 다양한 스타일로 연출해보세요.

E-1

가우초 팬츠

how to make ▶ p.85

강렬한 레드 컬러의 가우초 팬츠입니다.
심플한 상의와 함께 매치하면 단조로운
일상복에 포인트를 줄 수 있는 아이템입
니다.

E-2

화이트 리넨 팬츠

how to make ▶ p.85

시원한 리넨 소재로 만든 내추럴한 화이트 팬츠는
여름에 꼭 필요한 기본 아이템입니다. 발목이 드러
나는 9부 길이로 구두와 함께 스타일링 해보세요.

E-3

앞주름 팬츠
how to make ▶ p.88

각 잡힌 앞주름과 롤업한 밑단 디테일에서 매니시한
분위기가 가득 느껴지는 앞주름 팬츠입니다. 심플한
상의와 스타일링하여 멋스럽게 연출해보세요.

E-4

도트 무늬 팬츠
how to make ▶ p.90

가볍고 착용감이 좋은 도트 무늬 원단으로 만
든 팬츠입니다. 쉽게 주름이 생기지 않는 원
단으로 만들면 편한 일상복으로 즐겨 입기 좋
은 아이템이 됩니다.

E-5

사이드 라인 팬츠
how to make ▶ p.92

A-2의 상의와 같은 원단으로 만들고 양 옆선에
배색 디테일을 더한 사이드 라인 팬츠입니다. 넓은
폭의 여유있는 실루엣이 매력적인 아이템입니다.

E-6

코듀로이 팬츠

how to make ▶ p.93

은은한 광택감이 느껴지는 코듀로이 팬츠입니다. 베이지 컬러로 만들어 차분한 느낌을 줍니다. 매치하는 아이템에 따라 여성스럽거나 캐주얼한 스타일 모두 어울리는 팬츠입니다.

<small>pattren</small> C,D,E

매치하는 아이템에 따라 다양한 스타일링을 즐길 수
있습니다. 여성스럽거나 매니시하게, 때로는 캐주얼하
거나 클래식하게. 직접 만든 옷으로 다양한 스타일을
연출해보세요.

COORDINATE
01

COORDINATE
03

타이트 스커트를
캐주얼하게 코디

WITH
LONG SHIRT

COORDINATE
04

롱부츠로
가을 분위기를 연출

COORDINATE
02

WEARING
A COAT

COORDINATE **01**
상의는 터틀넥과 철릭 블라우스
를 겹쳐 입고 하의는 두꺼운 코
듀로이 팬츠를 매치하여 한겨울
에도 입을 수 있는 따뜻한 스타
일링을 완성했습니다.

COORDINATE **02**
자칫 무겁고 답답해 보일 수 있
는 가을·겨울의 스타일링에 강렬
한 레드 컬러의 팬츠를 매치하였
습니다. 전체적으로 어두운 스타
일링에 포인트 컬러를 더해주면
경쾌한 느낌이 살아납니다.

COORDINATE **03**
단정한 스커트에 기본 티셔츠와
운동화를 매치하여 캐주얼한 스
타일을 연출했습니다. 허리에 묶
은 데님 셔츠로 포인트를 주어
스타일링을 완성해보세요.

COORDINATE **04**
깔끔한 데님 팬츠에 체크 무늬
롱셔츠를 살짝 걸쳐 멋스럽고 캐
주얼한 스타일을 연출했습니다.

pattren C , D , E

COORDINATE
06

레오파트 무늬의
신발로 포인트를

HOLDING FLOWERS

COORDINATE
08

LOOKING
SMART

COORDINATE
05

레드 컬러의
타이즈로 포인트를

COORDINATE
07

COORDINATE **05**

퍼 베스트로 따뜻함과 멋스러움
을 준 스타일링입니다. 허리벨트
와 와이드 팬츠로 성숙한 느낌을
더했습니다.

COORDINATE **06**

철릭 원피스 위에 니트를 레이어
드했습니다. 스타킹과 퍼 슬립온
을 매치하여 겨울에 입기 좋은
스타일링을 완성해보세요.

COORDINATE **07**

상의를 넣어 단정하게 연출하고
블랙 벨트로 포인트를 주었습니
다. 넓게 파인 V넥으로 여성스러
움을 더욱 강조해보세요.

COORDINATE **08**

개성있는 프린트 팬츠에 모노톤
의 블라우스를 매치하여 모멀하
게 완성해보세요.

COORDINATE
09

레드 컬러의 카디건으로
더욱 여성스럽게

COORDINATE
11

GO TO
SHOPPING

COORDINATE
12

WITH
SMALL BAG

패션 소품을 매치하여
매니시하게 연출

COORDINATE
10

MANISH
STYLE

COORDINATE **09**

스트라이프 셔츠를 서스펜더 스
커트 안에 넣어 입어 전체적으로
성숙한 스타일을 연출했습니다.
셔츠의 프릴 스탠드 칼라가 여성
스러움을 더해줍니다.

COORDINATE **10**

패치워크 풀오버 상의와 화이트
팬츠를 매치하여 세련되게 연출
했습니다. 쨍한 핑크 컬러의 양말
로 스타일링을 완성해보세요.

COORDINATE **11**

레드 컬러의 카디건과 코듀로이
팬츠를 코디하면 간절기에도 입
을 수 있는 스타일링이 완성됩니
다. 흰색 스니커즈와 함께 매치해
보세요.

COORDINATE **12**

매니시한 스타일의 팬츠에 실루
엣이 드러나는 니트를 매치하여
여성스러움을 더했습니다. 머리에
스카프를 감아 헤어밴드처럼 연
출하면 세련된 분위기가 완성됩
니다.

pattren C , D , E

WITH WINTER ITEMS

COORDINATE
13

COORDINATE
14

화이트 컬러의 슈즈로
경쾌한 스타일을 연출

TAKING PHOTOS

COORDINATE
16

COORDINATE
15

진주 목걸이로
화려함을 UP!

COORDINATE **13**
토끼털 모자. 케이블 니트 머플러, 모헤어 니트를 함께 매치 하였습니다. 겨울 분위기가 물씬 풍기는 각각 다른 소재들의 아이템으로 스타일링을 더욱 풍성하게 완성해보세요.

COORDINATE **14**
철릭 원피스를 여미지 않고 가운처럼 가볍게 걸쳐 입는 스타일로 연출했습니다. 소매를 자연스럽게 롤업하면 내추럴한 분위기가 더해집니다.

COORDINATE **15**
귀여운 느낌의 개더 블라우스와 화이트 컬러의 팬츠를 매치한 스타일입니다. 스팽글이 달린 바스켓백을 더해 여름 분위기를 한껏 연출해보세요.

COORDINATE **16**
셔츠와 니트를 레이어드한 상의에 와이드 팬츠를 매치하였습니다. 비슷한 컬러의 아이템으로 스타일링하면 더욱 우아한 분위기가 연출됩니다. 진주 목걸이를 더해 격식있는 옷차림으로 완성해보세요.

TAKE A BREAK

COORDINATE
17

여름의 외출룩은
소품 사용이 포인트

COORDINATE
18

HMMM....

LOOKING
LIKE A BOY?

COORDINATE
20

신발과 가방은
화이트 컬러로
시원하게

COORDINATE
19

WITH
BIG TOTE

COORDINATE **17**

예쁜 컬러의 스툴이나 밀짚모자
를 매치하여 멋스럽고 편안한 나
만의 바캉스룩을 완성해보세요.
계절에 맞는 소품을 매치하는 것
만으로도 스타일이 더욱 업그레
이드됩니다.

COORDINATE **18**

밑단에 프릴이 달린 스트라이프
티셔츠에 타이트 스커트를 함께
매치했습니다. 단정한 느낌의 구
두와 옐로우 컬러의 배색이 돋보
이는 바스켓백으로 사랑스러운
마린룩을 연출해보세요.

COORDINATE **19**

루즈한 실루엣의 격자 무늬 블라
우스에 화이트 컬러의 아이템을
매치하였습니다. 전체적으로 단조
로운 모노톤의 컬러가 레드 컬러
의 팬츠를 더욱 돋보이게 합니다.

COORDINATE **20**

캐주얼한 스웨트와 니트 모자로
보이시한 느낌의 톰보이룩을 연출
했습니다. 운동화와 함께 매치하
여 발랄한 느낌을 더해보세요.

1년 전 [스타일링이 쉬운 핸드메이드 여성복]이
발간되었습니다. 독자분들의 많은 관심과 사랑을
받아 [스타일링이 쉬운 핸드메이드 여성복 II]가
발간됨에 감사의 말씀을 전합니다.
[스타일링이 쉬운 핸드메이드 여성복 II]와 함께
특별한 핸드메이드 여성복을 만들어 보세요.

contents

Part 1

머신소잉의 기초

···P.02

- 미싱에 대하여

- 원단에 대하여

Part 2

머신소잉의 실전

···P.08

- 미싱사용법

- 봉합방법

- 단춧구멍 만들기 / 단추달기

Part 1 머신소잉의 기초
- 미싱에 대하여

미싱의 종류

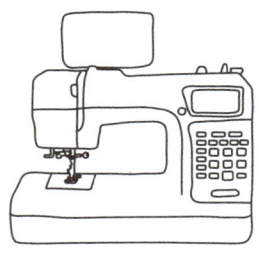

가정용 컴퓨터 미싱

미싱 본체 내부에 컴퓨터 시스템이 장착되어 있어 패턴을 선택하면 봉합 땀 길이와 땀 폭이 패턴에 맞게 자동으로 설정됩니다. 패턴의 조합 및 편집 기능이 있어 다양한 패턴을 취향에 맞게 조합하거나 저장할 수 있습니다. 또한 나만의 세팅 기능이 있어 복잡한 문자나 패턴 등의 자수 작업 시 아주 유용하게 활용할 수 있습니다.

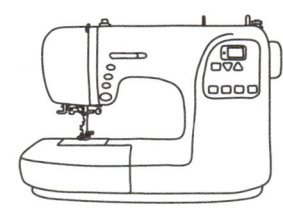

가정용 디지털 미싱

미싱의 메인 보드가 디지털화되어 있어 속도와 봉합 땀 길이는 물론 미세한 땀 폭까지 자유롭게 조절이 가능합니다. 또한 바늘 상하 위치 조절이나 자동 무늬 완성 버튼 등이 있어 보다 편리하고, 빠른 작업을 요하는 작품 제작에 탁월한 성능을 발휘합니다.

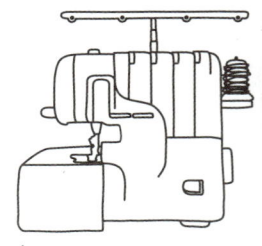

오버록 미싱

단 처리 전용 미싱으로 1~2개의 바늘에 2~4줄의 실을 사용합니다. 봉합과 동시에 여분의 시접을 자동으로 잘라내면서 오버록 봉합을 해주어 일반 가정용 미싱보다 깔끔하고 튼튼한 끝단 처리가 가능합니다.

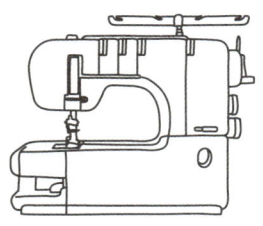

커버스티치 미싱

1~3가지 색상의 실을 활용하여 면 티셔츠나 기타 의상, 소품 등에 장식효과를 주기 위하여 사용합니다. 커버스티치 전용 미싱으로 2~3색의 커버스티치 효과와 더불어 체인스티치 장식이 가능하며, 옵션 노루발을 함께 사용하면 작업시간을 현저하게 줄일 수 있습니다.

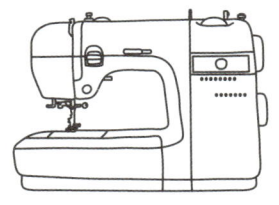

가정용 전자 미싱

전동 미싱에 비해 편리함과 내구성을 보완한 제품으로 초보자들을 위해 편리하게 설계되었습니다. 사용방법이 편리하여 누구나 쉽게 사용이 가능합니다. 봉합을 시작하고 정지할 때 발판과 버튼 모두 사용이 가능하여 기호에 맞게 선택하여 사용할 수 있습니다.

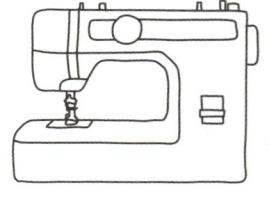

가정용 전동 미싱

미싱 본체에 내장되어 있는 모터가 바늘을 상하로 작동시키고, 모터의 속도는 전압에 의해 조절됩니다. 발판을 누르는 압력으로 속도를 조절하는 타입이 많습니다. 간단하고 쉬운 작업에 주로 사용되는 저가형 기본 미싱입니다.

※ [NCC매직]으로 설명하고 있습니다. 기종에 따라 부속품 및 명칭이 상이하므로 각 미싱의 사용 설명서를 참고하세요.

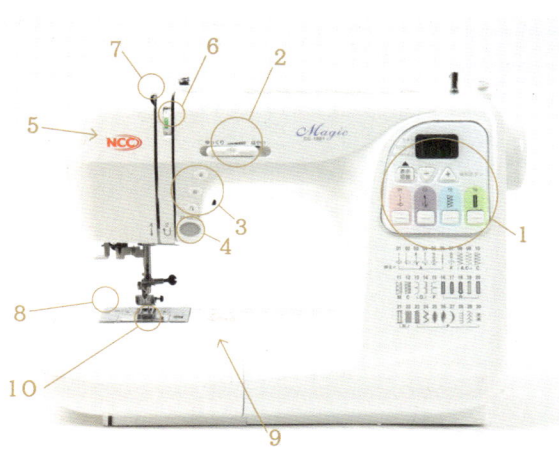

LED 버튼식 패턴무늬 선택

2 슬라이드식 속도 조절 레버

3
① 바늘 상하 위치 조절 버튼
② 자동 무늬 완성 버튼
③ 후진 봉합 버튼

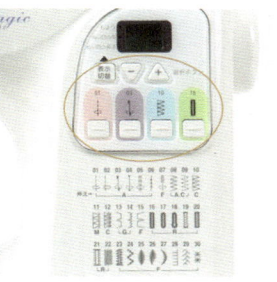

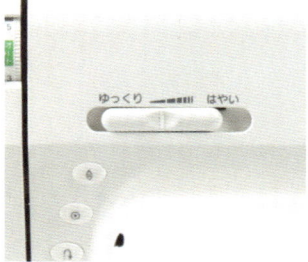

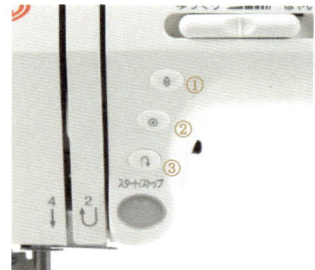

로 많이 사용하는 스티치 버튼이 외부로 돌출
어 있어 작업할 패턴을 쉽고 빠르게 선택할 수
습니다.

발판으로 할 수 없었던 세밀하고 정교한 작업엔 슬
라이드로 부드럽고 섬세하게 속도 조절을 할 수
있습니다.

①풀리를 돌리는 번거로움 없이 버튼만 누르면
바늘이 원단에 고정되어 편리한 봉제가 가능합
니다.
②버튼을 누르면 작업하던 패턴을 마지막까지
자동으로 봉제합니다. 직선박기 봉제 시에는 마
무리 부분의 실을 묶어 실이 풀리지 않도록 고정
합니다.
③바느질의 시작과 끝은 되돌아박기로 튼튼하
게!!

4 시작 / 정지버튼

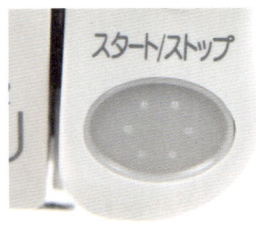

발판이 없어도 버튼을 눌러서 쉽고 편하게 바느질을 할 수 있습니다.

5 노루발 압력 조절 장치

노루발의 압력 조절이 가능하여 원단의 두께와 종류, 특성에 맞춰 봉제할 수 있습니다.

6 Auto 장력 조절 시스템

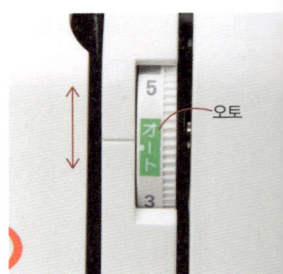

실의 장력이 자동으로 조절되는 자동 장력 조절 시스템. 수동으로도 장력 조절이 가능다.

7 실채기 안전장치

윗실이 쉽게 빠지지 않도록 실을 한번 더 잡아 고정해 줍니다. 특히 투명사나 장식사를 사용하는 작업에 유용합니다.

8 One Step 자동 단춧구멍

단춧구멍 노루발에 작업할 단추를 놓고 레버만 내리면 단추의 크기에 맞는 단춧구멍이 자동으로 완성됩니다.

9 패턴 무늬 미세조절 나사

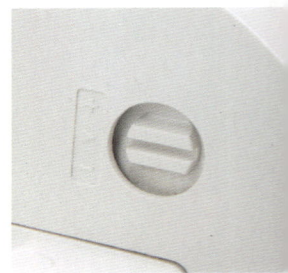

작업하던 무늬가 일그러지거나 울 경우 나조정하여 보다 정교하고 아름다운 패턴무표현할 수 있습니다.

10 가마 소음 방진 패드

미싱에서 나는 소음을 최소화하기 위해 가마 소음 방진 패드를 넣었습니다. 미세한 소음까지 잡아줍니다.

장소와 공간에 제약을 받았던 옛날의 미싱

최근 사용되는 미싱들은 대부분 전기를 원동력으로 하여 작동하는 미싱입니다. 반면 과거에는 미싱의 본체책상에 고정되어 있어 발판을 앞뒤로 움직여 동력으로 작동하는 수동형 방식의 미싱이었습니다. 그만큼 공간의 제약을 받았을 뿐만 아니라 손과 발이 자유롭지 못한 어려움이 있었습니다. 그러나 전기를 사용하여작동시키기 시작하면서 전기식 발판으로 동작이 비교적 자유로워졌습니다. 최근에는 버튼 하나로 미싱의 작동가능한 타입으로 진화, 발전되고 있습니다.

1 바늘 조임 나사

바늘을 고정하거나 교체할 때 사용합니다.

2 실걸이 가이드

바늘에 실을 끼울 때 실이 움직이지 않도록 고정해 줍니다. 실걸이 가이드에 실을 통과시킨 다음 바늘에 끼웁니다.

3 자동 실 끼우기 장치

바늘에 실을 끼우는 번거롭고 어려운 작업을 손동작 몇 번으로 할 수 있도록 쉽고 빠르고 간편하게 도와줍니다.

4 노루발

원단을 작업이 가능한 상태로 미싱에 고정시켜주는 금속 기구로, 봉합 종류에 따라 전용 노루발을 사용합니다.

5 수평 가마

북알 장착이 수월한 수평형 가마로 밑실을 감아둔 북알을 장착합니다.

가 마 의 종 류

[북집]

[북알]

평 가마

실의 설치가 간단하여 실 엉킴이 적은 수평가. 밑실의 양도 한눈에 확인할 수 있어 편리합니다. 최근의 가정용 미싱에는 수평 가마를 로 사용합니다.

수직 가마

기존의 가마 형식으로, 밑실이 감긴 북알을 북집에 넣은 후 북집을 다시 가마에 넣는 구조입니다. 힘을 필요로 하는 공업용 미싱 등에 주로 사용되는 가마 형식입니다.

Part 1 머신소잉의 기초

– 원단에 대하여

원단의 기본 명칭과 사이즈

기본적으로 직물은 동일한 길이로 정렬한 여러 가닥의 날실 사이에 한 가닥의 씨실을 좌우로 교차시켜 만들어집니다. 직물의 명칭이나 그 특징을 알아봅시다.

· 직물의 명칭(=원단, 천)

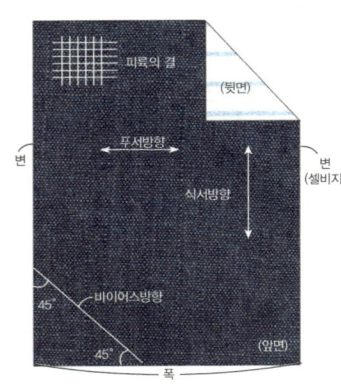

피륙의 결
(뒷면)
푸서방향
변
변(셀비지)
식서방향
45°
바이어스방향
45°
(앞면)
폭

식서방향(경사방향)

직물의 날실방향을 식서방향이라고 합니다. 제도나 패턴에 표시되어 있는 화살표는 식서방향을 나타냅니다. 일반적으로 옷을 만들 때 식서방향을 중심으로 재단합니다.

푸서방향(위사방향)

씨실방향을 푸서방향이라고 칭합니다. 식서방향에 비해 늘어나는 성질을 가지고 있습니다. 푸서의 길이가 천의 폭이 됩니다.

바이어스

피륙의 결에 대해 45도 각도를 정바이어스라고 합니다. 천이 가장 잘 늘어나는 방향으로 바이어스테이프를 만들어 시접의 마무리 등에 사용합니다.

변(셀비지)

직물 폭의 양쪽 가장자리를 말하며, 천에 따라 부분의 짜임 밀도를 높게 하거나, 제조회사를 프린트하는 것도 있습니다.

폭

변에서 변까지의 폭(=푸서의 길이)으로, 사는 용도에 맞는 효율적인 길이의 폭으로 만들집니다.

피륙의 결

천의 날실과 씨실의 짜임으로, 이것이 직각잘 정돈되어 있다면 천의 뒤틀림이 줄어듭니다. 천의 흐름이라고도 합니다.

원단 선 세탁 방법

천은 가로와 세로의 결이 직각으로 교차하여 있는 것이 바른 상태이지만, 생산공정 등에 의해서 비틀어짐이 발생합니다. 또 천연섬유직물(코튼, 린넨 등)은 습기와 접촉 줄어드는 성질이 있습니다. 봉합 전에 이러한 비틀어짐이나 수축감을 바로 잡아두지 않으면 완성 후 세탁했을 때 사이즈가 작아지거나 모양이 변형되는 원인이 됩니다. 세탁하지 않는 소품류를 만들 때에는 그다지 신경 쓰지 않아도 되지만, 옷을 제작할 때에는 사전에 천을 바로 잡아둡시다.

천을 바로 잡는 방법

1. 천의 변(셀비지)을 잘라냅니다.

2. 바늘 및 송곳 끝을 이용해서 씨실을 한 가닥만 뽑아 냅니다.

3. 실을 뽑아 빼낸 부분이 씨실 라인입니다.

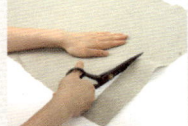

4. 라인을 따라 여분의 천을 잘라냅니다.

5. 양손으로 천을 비스듬한 방향으로 잡아 당겨, 천의 직각이 되도록 정리합니다. 틀어짐이 심할 경우에는 질로 정리해줍니다.

면직물 및 린넨직물 바로 잡는 방법

1. 물에 듬뿍 적셔 1시간 동안 담가둡니다.

2. 아주 가볍게 물기를 짜내고, 주름을 펴서 그늘에 말립니다.

3. 반드시 덜 마른 상태에서, 뒷면에서 천의 결에 따라 다림질(130~150℃)을 합니다.

천 의 종 류

특수 소재

[브로드 라미네이트]
혹은 마 등의 천 위에 비닐 팅(라미네이트 가공한 인테 리어 패브릭. 사진은 코튼린넨 미네이트 천.

[논슬립 발포]
면 혹은 마 등의 천 위에 미끄 럼 방지를 위해 우레탄고무 등 을 발포한 천. 사진은 코튼린 넨 발포 천.

니트 소재

[쮸리]
겉쪽은 평짜임의 싱글. 안쪽은 파일형식의 뜨개지로 루프(표 면에 보풀이 일어난 것 같은 것)가 보임.

[테리]
파일(표면에 보풀이 일어난 것 같은) 직물. 표면이 루프로 이 루어진 직물 조직. 루프는 파 일이라고도 하며 보통 타월지 로 불림.

[양면다이마루]
양면 뜨개로 앞뒤가 같게 보 인다. 부드럽고 두께가 있는 질감과 적당한 신축성이 특징. **특양면. 스무스** 등으로 불림.

보통 소재

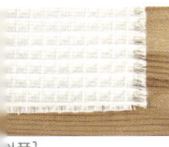

[와플]
면에 와플모양의 블록을 이 는 직물. **벌집**(허니콤)이라 도 한다. 아동 의류 및 홈데 · 등으로 널리 사용된다.

[더블거즈]
2중으로 겉쪽과 안쪽이 각각 다른 거즈 조직으로 짜여져 있 는 가볍고 부드러운 직물. 세 탁하면 더욱 부드러워진다.

[아사]
일본에서는 마 100%를 아사 라 하지만, 한국에서는 60수 이상의 가는 면평직을 통상 아사라고 하거나 **또는 보일**이 라고도 한다. 사진의 천은 60 수.

[포플린]
면 직물로, 옷의 소재로 많이 사용되며 특히 30수 평직물 류는 패치워크에 많이 사용된 다. 사진의 천은 30수.

[옥스포드직]
면직물로, 구김이 적게 가고 형태 안정성이 좋아 캐주얼 의 류의 소재 및 홈데코용으로 많 이 사용된다. 사진의 천은 20 수.

[캔버스직]
꺼운 실로 조밀하게 짠 면 직물로 유화를 그릴 때 많 사용하여 캔버스라 통용된 · 튼튼하고 힘이 있어 캔버 와 덕을 범포(sail cloth)라 덕보다는 얇다. 사진의 천 10수.

[샴브레이]
날실과 씨실을 한 올씩 교차 하여 멀티 효과를 나타낸 평직 물. **해지**로 통용되며 얇은 천 에서 두꺼운 천까지 다양하고 부드러워 의류사용과 홈데코 용으로 널리 사용된다. 사진은 코튼린넨 혼방 천.

[린넨 linen]
아마 섬유를 원료로 한 마 재 질의 천. 강한 내구성과 통기 성을 가지고 있으며 표면이 평 활하여 먼지가 섬유에 축척되 지 않아 위생적이므로 여름 의 류, 홈데코 및 의료용으로 널 리 사용된다.

[햄프 hemp]
대마 섬유의 원료로 한 마 재 질의 천. 섬유가 굵고 빳빳하 며 강도가 커 침구류 및 홈데 코 등으로 사용된다.

Part 2 머신소잉의 실전
- 미싱사용법

※ Magic CC-1861 (NCC미싱)으로 설명하고 있습니다. 기종에 따라 부속품 및 명칭이 상이하므로 각 미싱의 사용 설명서를 참고하세요.

1 미싱에 바늘 끼우기

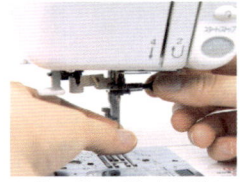

1. 바늘의 평평한 면이 노루발 쪽으로 향하도록 합니다.
※ 기종에 따라서 평평한 면의 향하는 방향이 다를 수 있으므로 주의하세요.

2. 바늘의 둥근면이 작업자 쪽으로 향하도록 장착한 후 바늘이 더 이상 들어가지 않고 멈추는 위치까지 끼워 넣습니다.

3. 바늘 조임 나사를 시계 방향으로 돌려서 바늘을 단단히 고정합니다.

2 밑실 장착하기

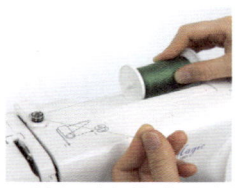

1. 실패 장착하기
실패를 실패꽂이에 끼운 후 실패 크기에 맞는 실패막이를 사용하여 실패를 고정합니다.

2. 미싱에 표시된 실을 거는 순서대로 실을 걸어줍니다.

3. 실을 북알 구멍의 안쪽에서 바깥쪽으로 빼냅니다.

4. 북알을 자동 밑실 감기 장치에 습니다.

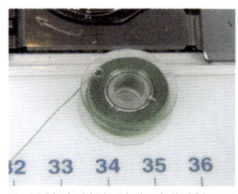

5. 자동 밑실 감기 장치를 오른쪽으로 밀어 줍니다. 손으로 실 끝을 잡고 시작/정지 버튼을 이용해 3회전 정도 실을 감은 후 멈추고 손으로 잡고 있던 실을 잘라줍니다.

6. 다시 시작 버튼을 눌러 80%정도만 감아줍니다. 북알에 실이 80%이상 감겼을 경우 북알에서 실이 엉키는 현상이 발생할 수 있습니다.

7. 북알의 실이 시계 반대방향으로 향하도록 북알을 가마에 넣습니다.

8. 실 끝을 좌측 홈(돌출부)에 끼다.

9. 투명판 왼쪽으로 실을 여유있게 당겨 꺼내고 투명판을 닫습니다.

윗실 장착하기

. 실패 장착하기
실패를 실패꽂이에 끼운 후 실패 크
기에 맞는 실패막이를 사용하여 실
패를 고정합니다.

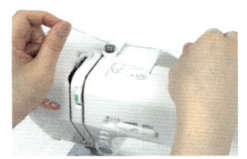

2. 미싱에 표시된 실을 거는 순서대
로 실을 걸어 줍니다.

3. 실채기 레버에 오른쪽에서 왼쪽방
향으로 실을 걸어 줍니다.

4. 실채기 레버에 실을 걸어 준 후 실
을 아래쪽으로 내려 바늘에 있는 실
걸이 가이드에 실을 걸어 줍니다.

. 노루발을 내린 다음, 바늘 상하 위
치 조절 버튼 또는 풀리를 돌려 바늘
의 위치를 맞추고 자동 실 끼우기 레
버를 내려 실을 겁니다.

6. 이때 바늘귀에 자동 실 끼우기 고
리가 통과되었는지 확인한 후 실이
좌측 가이드 실걸이를 지나, 우측 자
동 실 끼우기 고리를 지나게 합니다.

7. 오른손으로 실 끝을 잡고 자동 실
끼우기 레버를 서서히 놓아줍니다.
레버가 위쪽으로 올라가면서 바늘사
이에 실을 끌어올립니다. 이때 실 끝
을 잡아뺍니다.

밑실 당겨 올리기

. 노루발을 올린 후 미싱의 전원 스
위치를 켭니다. 바늘을 통과한 윗실
을 같이 왼손으로 잡아줍니다.

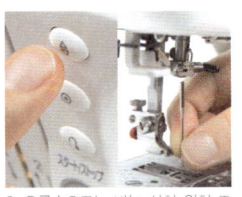

2. 오른손으로는 바늘 상하 위치 조
절 버튼 또는 풀리를 천천히 몸쪽으
로 돌려 바늘이 침판에 꽂히게 합니
다.

3. 다시 바늘 상하 위치 조절 버튼 또
는 풀리를 몸쪽으로 돌리면 바늘이
올라 오면서 밑실이 같이 올라옵니
다. 이 때, 윗실을 위로 당기면 밑실
의 실 루프가 올라옵니다.

봉합 테스트

. 실제 봉합할 원단과 동일한 원단
으로 테스트 봉합을 합니다.

2. 앞면에서 윗실의 봉합 땀을 확인
합니다.

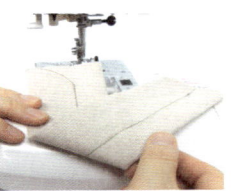

3. 뒷면에서 밑실의 봉합 땀을 확인
합니다.

[봉합 땀폭 조절]

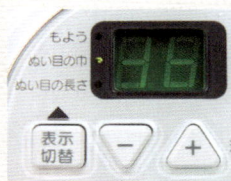

원단에 따라 봉합 땀의 크기는 달라지지만, 보통 두께 원단은 1cm에 4땀을 기준으로 조절합니다. 두꺼운 원단은 땀 폭을 크게, 얇은 원단은 작게 하는 것이 일반적입니다. 봉합 땀이 너무 작으면 원단이 줄어드는 경우가 발생하므로 테스트 봉합을 해보고 체크합니다.

[봉합 속도 조절]

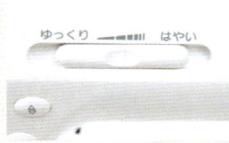

슬라이드식 속도 조절 레버를 좌우로 밀어가며 자신에게 맞는 작업속도를 설정합니다.

[앉는 위치를 바르게 하기]

미싱 작업을 하고 있을 때에는 시선이 곧게 앞을 향하는 것이 중요합니다. 바늘이 상하로 움직이는 부분에 항상 신체 중심을 맞춰 앉습니다.

[윗실 장력 조절]

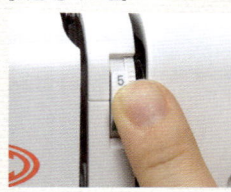

미싱을 사용하는 봉합은 윗실과 밑실이 매듭이 지어지면서 봉합되므로 그 균형을 맞추는 것이 매우 중요합니다. 기종에 따라 다르지만 가정용 미싱에서는 윗실 장력 조절 다이얼로 균형을 조절합니다. 앞면과 뒷면 어느면에서 보아도 일정한 땀을 유지해야 정교한 봉합이 됩니다.

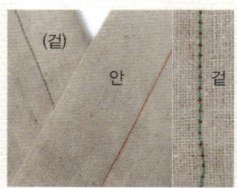

윗실 장력이 너무 강할때
밑실이 떠있는 상태로, 앞면에서 보면 윗실(녹색)이 직선으로 보이며, 밑실(빨간색)이 점으로 보입니다.

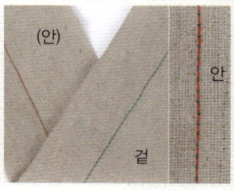

윗실 장력이 너무 약할때
윗실이 떠 있는 상태로, 뒷면에서 보면 밑실(빨간색)이 직선으로 보이며 윗실(녹색)이 점으로 보입니다.

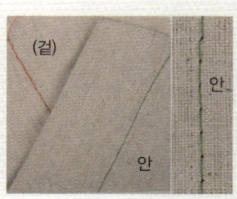

올바른 실 장력
원단의 중앙에서 실이 얽혀 있어. 어느 쪽에서봐도 봉합 땀의 모양이 균일하게 보입니다.

직선봉합   원단의 방향, 바늘의 위치, 노루발이 정확하게 원단에 고정되었는지를 먼저 확인해 주세요

직선 봉합하기

직선봉합을 해보겠습니다.

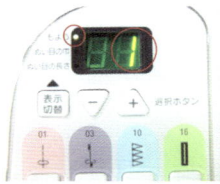

1. 직선 봉합 패턴을 선택합니다.

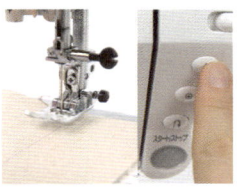

2. 바늘 상하 위치 조절 버튼 또는 풀리를 이용해 봉합 시작 위치에 바늘을 꽂습니다.

3. 노루발을 내립니다.

4. 시작/정지 버튼을 눌러 봉합을 시작합니다.

5. 양손으로 가볍게 원단을 잡고 봉합합니다.

6. 봉합 마무리 부분의 조금 앞쪽에서 멈추고, 천천히 봉합을 마무리 합니다.

7. 바늘 상하 위치 조절 버튼 또는 풀리를 앞으로 돌려 바늘을 위로 올립니다.

8. 노루발을 올립니다.

9. 원단을 뒤쪽으로 당겨 뺍니다.

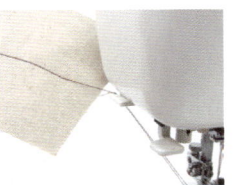

10. 사절장치로 실을 끊습니다.

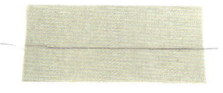

완성이에요!

직선 봉합 상태에서 봉합 방향 바꾸기

직선 봉합 상태에서 봉합 방향을 바꿔서 봉합해 보겠습니다.

1. 모서리 부분까지 봉합하고, 원단에 바늘이 꽂힌 상태로 잠시 멈춥니다.

2. 노루발을 올립니다.

3. 원단을 돌려 사진과 같이 봉합할 방향으로 변경합니다.

4. 노루발을 내려 다시 봉합합니다. 완성이에요!

3 직선 봉합으로 곡선 봉합하기

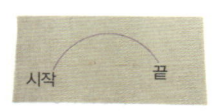

곡선을 봉합해 보겠습니다.

1. 바늘이 봉합선에 맞도록 조절하고, 바늘 상하 위치 조절 버튼이나 풀리를 사용해 원단에 바늘을 꽂습니다.

2. 노루발을 내린 다음, 왼손을 원단 뒤쪽으로 두고 원단을 돌려가며 천천히 봉합합니다.

3. 바늘이 원단에 꽂힌 상태에서 노루발을 올리고 봉합선이 정면으로 오도록 원단을 돌립니다.

4. 2~3cm간격으로 여러 번 방향을 수정하면서 봉합합니다.

완성이에요!

4 프리암 봉합하기   ※프리암 봉합 기능은 의상의 소매단, 바지 밑단 등에 사용할 수 있어 아주 편리합니다.

1. 미싱에서 작업 테이블을 분리하여 주머니 작업을 위한 프리암 봉합을 준비합니다.

2. 그림과 같이 봉합 시작 부분의 가장 자리에 바늘을 꽂고 노루발을 내립니다.

3. 왼손으로 원단을 밀어주면서 봉합합니다.

4. 봉합 끝 부분은 봉합 시작 부분과 조금 겹치게 하여 튼튼하게 봉합합니다.

▌돌아박기-[후진 봉합 버튼 사용] ※ 봉합의 시작과 끝부분은 되돌아박기하여 마무리합니다

봉합을 시작하는 시점에 바늘을 내려 원단에 바늘을 꽂습니다.

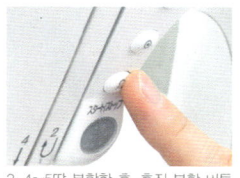

2. 4~5땀 봉합한 후, 후진 봉합 버튼을 누릅니다.

3. 봉합을 시작한 지점까지 후진 봉합을 한 후, 다시 직선 봉합을 진행합니다.

4. 끝점에 다다르면, 후진 봉합 버튼을 눌러 4~5땀 되돌아박기를 한 후, 다시 직선 봉합으로 봉합을 합니다.

▌돌아박기-[후진 봉합 패턴 사용]

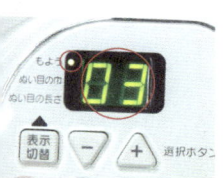

패턴무늬에서 03 후진 봉합 패턴을 택합니다.

2. 봉합을 시작하는 지점에 바늘을 내려 원단에 바늘을 꽂습니다.

3. 봉합을 시작하면 자동으로 후진 봉합 작업이 되면서 직선 봉합을 합니다.

4. 봉합을 끝낼 끝점에 다다르면, 후진 봉합 버튼을 눌러 자동보강 작업을 한 후 멈춥니다.

▌직선 봉합을 활용한 수동 봉합]

봉합 시작 지점에 바늘을 내립니다.

2. 4~5땀 봉합한 다음, 원단을 돌려 방향을 전환하여 봉합해 줍니다.

3. 다시 봉합 시작부분까지 되돌아 오면 다시 한 번 방향을 전환하여 봉합합니다.

4. 봉합 끝부분에 오면 1~3번과 같은 순서로 보강 봉합합니다.

▌듭짓기

원단의 뒷면에서 밑실을 당겨 윗실을 빼냅니다.

2. 뒷면에서 바늘로 윗실의 루프를 당겨, 실 끝이 나올 때까지 당깁니다.

3. 봉합 땀의 끝에서 2가닥을 함께 매듭짓습니다.

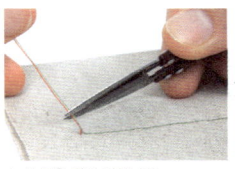

4. 실 끝을 짧게 자릅니다.

✓ 단춧구멍 만드는 방법

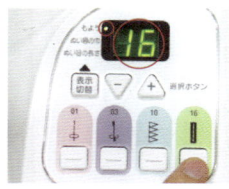

1. 패턴선택 다이얼을 **단춧구멍**에 놓고, 땀폭 다이얼을 0.5~1사이에 맞춥니다.

2. 단춧구멍 전용 노루발 위에 단추를 놓습니다.

3. 노루발을 미싱에 장착하고, 밑실을 노루발 아래로 둡니다.

4. 봉합 시작 부분의 중심에 ⬚을 내리고 변환 레버를 내립니ᄃ 실 끝은 엉키지 않도록 옆으로 둡니다.

5. 시작 버튼을 눌러 봉합을 시작합니다. 봉합이 끝나면 자동으로 멈춥니다.

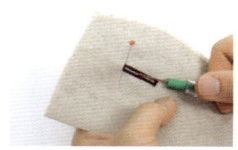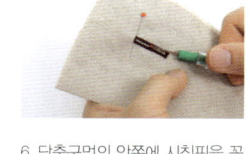

6. 단춧구멍의 안쪽에 시침핀을 꽂고, 실뜯개로 단춧구멍을 가릅니다.

✓ 단추 다는 방법

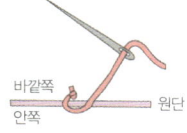

바깥쪽
안쪽 ─── 원단

1. 실 끝을 매듭짓고, 바깥쪽에서부터 천을 한 땀 뜹니다.

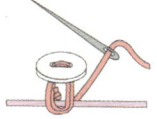

2. 바느질하면서 단추를 팽팽하게 잡아 당기지 말고, 위의 그림처럼 마무리 지을 부분에 여분을 조금 남기면서, 천과 단춧구멍에 2~3번 실을 통과시킵니다.

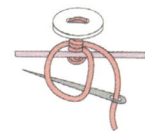

3. 위에서 아래로 여분을 남겨놓은 부분에 실을 감고, 마지막에 그림처럼 고리 안에 실을 통과시켜 단단하게 잡아 당깁니다.

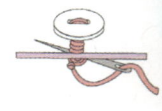

4. 바늘을 안쪽으로 빼내어 매ᬝ고, 단단하게 고정시키기 위해 ᄃ시 한 번 바깥쪽으로 실을 빼ᄆ 잘라줍니다.

✓ 단춧구멍의 위치

우선 위쪽과 밑쪽의 단춧구멍 위치를 정하고 나서, 사이에 균등한 간격으로 다는 것이 일반적입니다. 단춧구멍을 세로로 열 경우, 상하의 단춧구멍 위치에 주의합니다.(그림 참조)

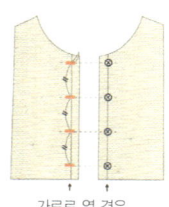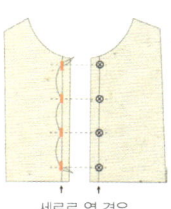

가로로 열 경우 세로로 열 경우

✓ 단춧구멍의 치수

사용할 단추의 **직경+두께**에 의해 단춧구멍의 길이가 결정됩니다.

직경
두께

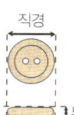
직경
두께

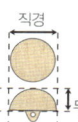
직경
두께

직경+두께

베이비/ 아동/ 성인 의상 소잉 DIY 전문멀티샵

"패션스타트NCC 대리점"

세심하고 체계적인 단계별 교육과정을 통하여 의상소잉에 대한 자신감과 소잉실력.
더 나아가 내가 원하는 의상작품을 스스로 제작하며 소잉의 진정한 즐거움과 가치를 전하는 패션스타트NCC 대리점입니다.

 "의상 소잉상품"
다양한 종류와 스타일의 원단/ 부자재/ 패턴/ 서적 등

 "초급-중급-고급 단계별 의상전문 교육과정"
베이비, 아동, 성인아이템으로 구성된 체계적이고 전문화된 시스템

 "미싱 교육"
소잉의 즐거움을 전하는 고급 NCC미싱으로 진행

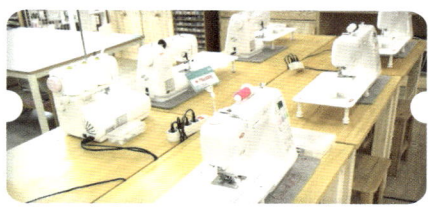

- 의상 소잉 DIY 전문 멀티숍 패션스타트NCC 전국 대리점 -

⊗ **경인지역** ⊗	김포 장기점 010-4170-7964, 수원 송죽점 031-207-0966, 인천 청라점 032-563-3027, 평택 안중점 010-9138-1974
⊗ **경상지역** ⊗	경주 황성점 054-776-5008, 구미 원호점 054-442-4001, 김해 장유점 070-8835-1019
⊗ **전라지역** ⊗	광주 동천점 010-7544-6356, 광주 첨단점 062-973-6314, 전주 효자점 063-223-3609

패션스타트NCC 대리점에 관한 개설문의는 패션스타트(www.fashoinstart.net) 또는
NCC미싱(www.nccmising.com) 사이트를 통하여 하실 수 있습니다.

 Fashion Start

HOW TO MAKE

KANA'S STANDARD II

24 가지 아이템 만드는 방법

만들기 전에

A 상의&원피스   **C** 철릭 스타일

7, 9, 11, 13호의 4가지 사이즈로 수록되어 있습니다. 옷의 길이는 가지고 있는 옷 중에서 비슷한 스타일의 옷을 참고하여 원하는 길이로 만들어주세요. 벨트와 리본으로 허리를 여미는 경우, 옷의 길이가 짧아지는 점을 참고하여 제작해주세요.

B 개더&턱 스커트
D 타이트 스커트   **E** 와이드 팬츠

7, 9, 11, 13호의 4가지 사이즈로 수록되어 있습니다. 패턴의 허리둘레 최대 사이즈보다 착용자의 엉덩이둘레가 큰 경우에는 옷을 입을 수 없기 때문에, 엉덩이둘레에 맞춰 패턴의 사이즈를 결정합니다.

모델은 165cm의 키에 9호 사이즈의 옷을 입는 체형입니다. 책 속에 수록된 작품은 전부 9호 사이즈의 패턴으로 제작하였습니다.

책 속의 원단 사이즈는 9호 패턴으로 배치한 재단 배치도를 표기하고 있습니다. 패턴의 사이즈가 9호보다 크거나 무늬 맞춤을 하는 경우에는 원단의 요척이 늘어날 수 있으니, 미리 확인하고 부족하지 않게 원단을 준비해주세요.

체촌 사이즈 (cm)

사이즈 명칭	7호	9호	11호	13호
가슴둘레	82	85	88	91
허리둘레	64	67	70	73
엉덩이둘레	90	93	96	99
등길이	39	39	39	39
소매길이	54	54	54	54

실물크기 패턴에 대해서

부록의 실물크기 패턴은 시접이 포함된 패턴입니다. 안쪽의 가는 점선이 완성선, 바깥쪽의 굵은선이 시접이 포함된 선입니다. 시접이 포함된 패턴으로 재단 시, 시접량을 확인하여 원단에 표시해야 하는 번거로움 없이 더욱 편리하게 재단할 수 있습니다.

따라서, 별도의 완성선을 그리지 않고 재단선 기준으로 지정된 치수를 봉합하는(예를 들어 시접이 1cm라면, 재단선에서 1cm안쪽으로 봉합한다)방법을 사용합니다. 그렇기 때문에 봉합 시 필요한 맞춤점은 시접에 가윗집(양재용어로 너치)을 주어 표시하고, 골선으로 되어있는 중심은 시접의 모서리를 비스듬하게 잘라 맞춤점을 표시해줍니다. 시접이 포함된 패턴에 익숙하지 않아 불편한 경우에는 안쪽의 완성선(가는 점선)으로 패턴을 베끼고, 재단 배치도의 지정된 시접을 주어 재단한 후, 완성선을 따로 그려줍니다.

다트나 턱, 주머니 위치 등 완성선 안쪽의 표시는 송곳으로 작게 구멍을 뚫거나 수성 초크펜 등으로 표시하거나 양면 초크페이퍼를 사용하여 표시해줍니다.

A-1 포켓 블라우스 ▶ p.6

패턴 (실물크기 패턴 A면)
앞몸판, 뒷몸판, 소매, 주머니, 앞안단, 뒤안단

완성 사이즈 (7호/9호/11호/13호)
가슴둘레 112cm / 115cm / 118cm / 121cm
옷 길이 53cm
소매 길이 20.2cm

재료
겉감(코튼 론) 110cm폭×150cm
접착심(안단용) 90cm폭×20cm
단추 지름1cm 1개
얇은 끈 4.5cm

만드는 방법
1 주머니를 만들어 단다 (→p.86)
2 몸판의 어깨를 봉합한다 (→p.59)
3 안단의 어깨를 봉합한다 (→p.59)
4 몸판에 안단을 맞추고, 목둘레를 봉합한다 (→p.59)
5 몸판에 소매를 단다 (→p.59)
6 소매 아래와 옆선을 한 번에 이어서 봉합한다 (→p.59)
7 소맷부리를 두 번 접어 상침한다
8 몸판의 뒷중심을 봉합한다 (→p.61)
9 몸판에 뒤트임을 만든다 (→p.61)
10 몸판의 옆선 트임을 상침한다 (→p.59)
11 몸판의 밑단을 두 번 접어 상침한다 (→p.59)
12 몸판에 단추를 단다

봉합 준비
· 앞 · 뒤안단의 안쪽면에 접착심을 붙인다
· 뒷중심, 어깨, 옆선, 소매 아래, 주머니 입구를 제외한 둘레의 시접, 안단 밑단을 원단의 겉쪽에서 지그재그봉제 또는 오버록 처리한다
· 밑단, 소맷부리, 주머니 입구를 두 번 접어 다린다

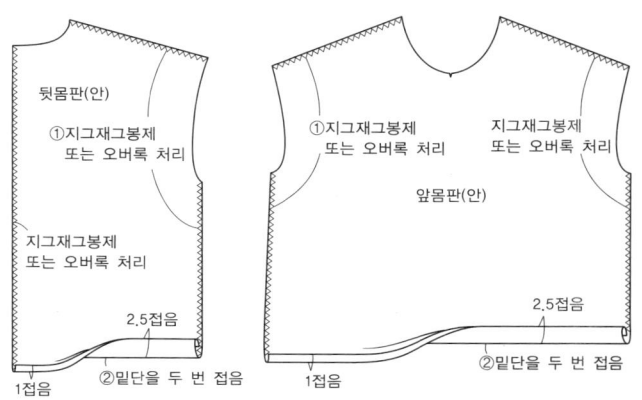

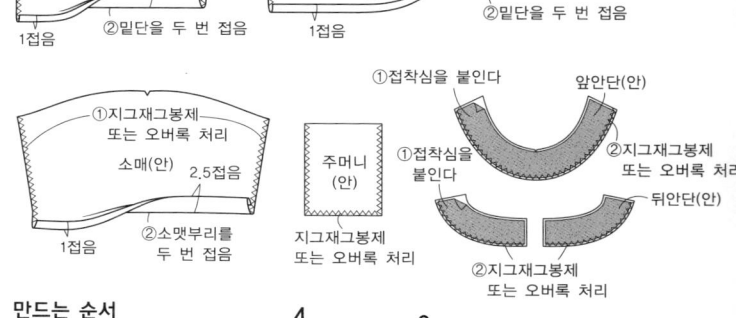

재단 배치도

* 지정 이외의 시접은 1cm.
░ 는 안쪽면에 접착심을 붙인다

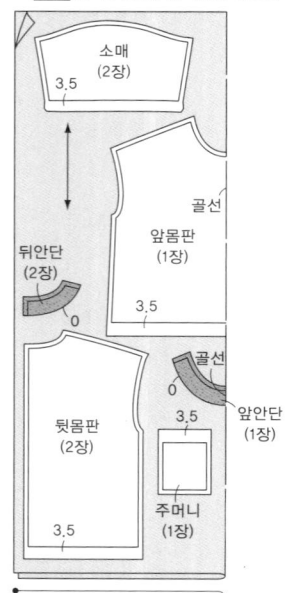

← 110cm폭 →

만드는 순서

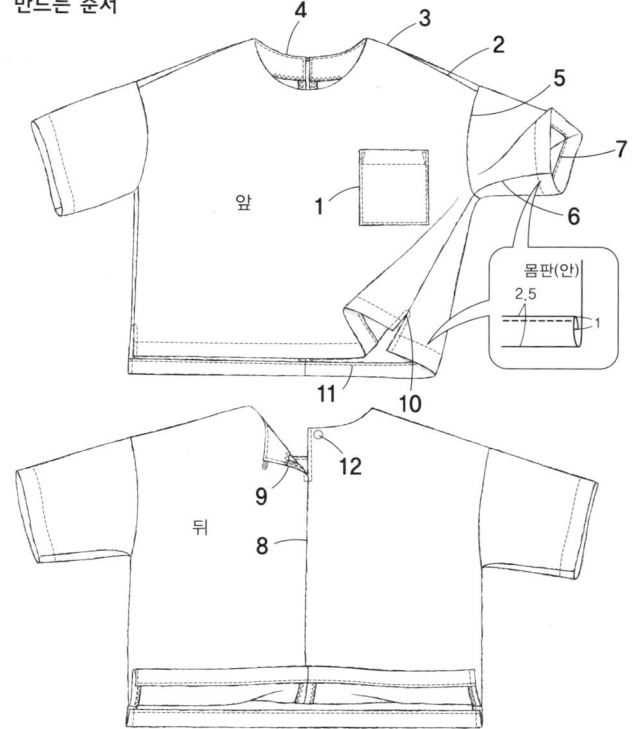

2 몸판의 어깨를 봉합한다

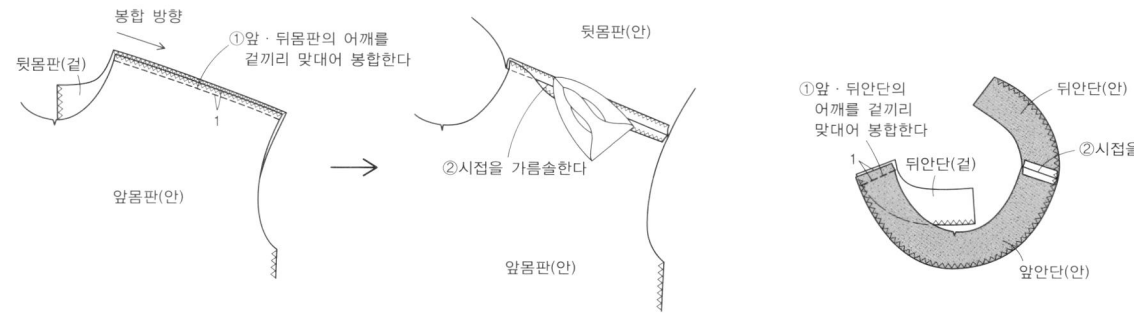

뒷몸판(겉)

봉합 방향

①앞·뒤몸판의 어깨를
걸끼리 맞대어 봉합한다

1

앞몸판(안)

뒷몸판(안)

②시접을 가름솔한다

앞몸판(안)

3 안단의 어깨를 봉합한다

①앞·뒤안단의
어깨를 걸끼리
맞대어 봉합한다

1

뒤안단(겉)

뒤안단(안)

②시접을 가름솔한다

앞안단(안)

4 몸판에 안단을 맞추고, 목둘레를 봉합한다

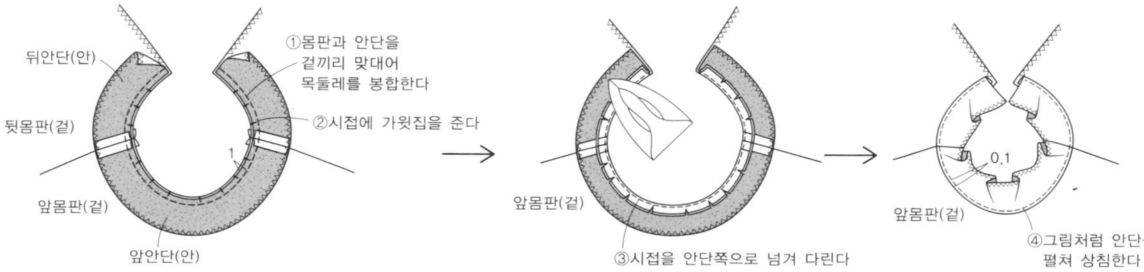

뒤안단(안)

뒷몸판(겉)

①몸판과 안단을
걸끼리 맞대어
목둘레를 봉합한다

②시접에 가윗집을 준다

1

앞몸판(겉)

앞안단(안)

앞몸판(겉)

③시접을 안단쪽으로 넘겨 다린다

앞몸판(겉)

0.1

④그림처럼 안단을
펼쳐 상침한다

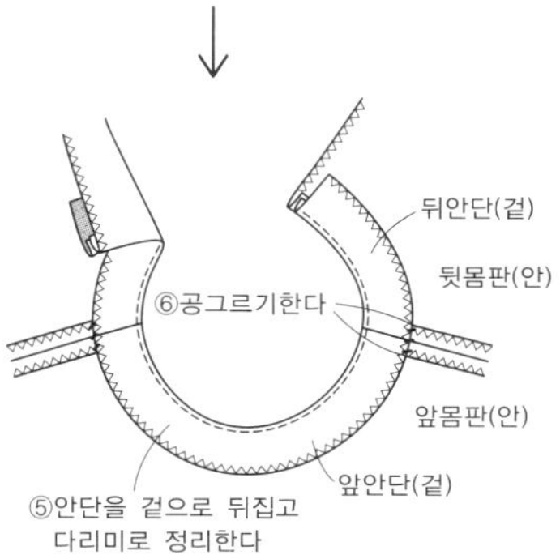

뒤안단(겉)

뒷몸판(안)

⑥공그르기한다

앞몸판(안)

앞안단(겉)

⑤안단을 겉으로 뒤집고
다리미로 정리한다

5 몸판에 소매를 단다

※소매를 달 때는 몸판과 소매의 곡선
둘레를 꼼꼼하게 맞춰 봉합한다.
몸판과 소매를 걸끼리 맞댄 다음, 시침핀을
꽂거나 시침질을 한 후 몸판쪽에서 봉합한다

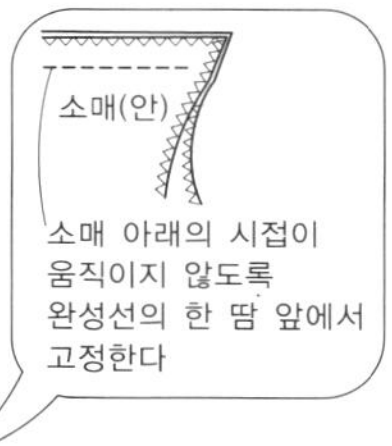

①몸판에 소매를
걸끼리 맞대고 봉합한다

②2장 함께
지그재그봉합 또는
오버록 통솔처리한다

소매(안)

소매 아래의 시접이
움직이지 않도록
완성선의 한 땀 앞에서
고정한다

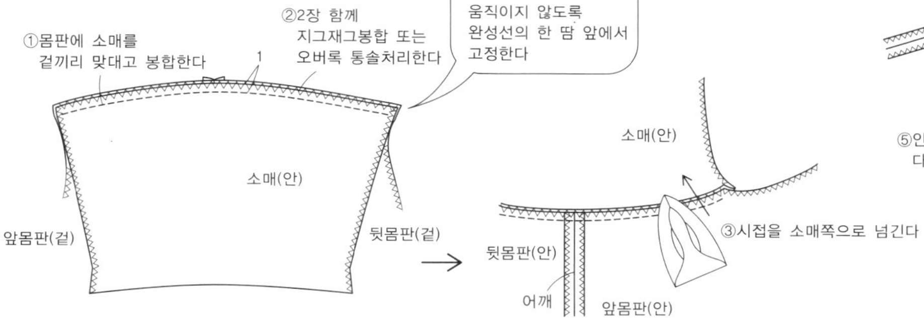

1

소매(안)

앞몸판(겉)

뒷몸판(겉)

소매(안)

뒷몸판(안)

어깨

앞몸판(안)

③시접을 소매쪽으로 넘긴다

6 소매 아래와 옆선을 한 번에 이어서 봉합한다

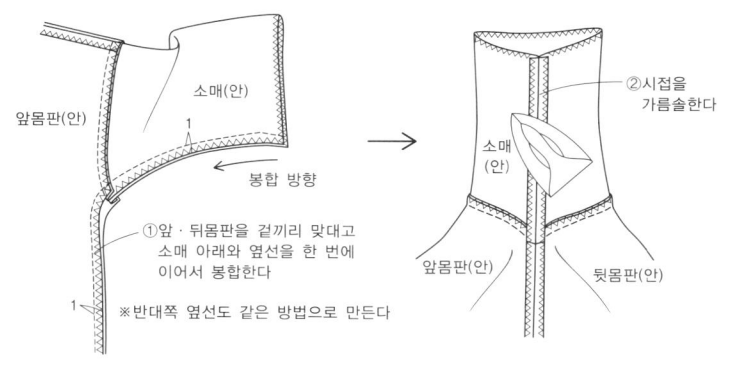

앞몸판(안)

소매(안)

1

봉합 방향

①앞·뒤몸판을 걸끼리 맞대고
소매 아래와 옆선을 한 번에
이어서 봉합한다

1

※반대쪽 옆선도 같은 방법으로 만든다

소매
(안)

②시접을
가름솔한다

앞몸판(안)

뒷몸판(안)

10 몸판의 옆선 트임을 상침한다

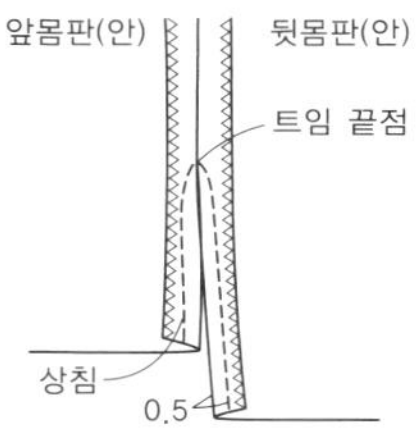

앞몸판(안)

뒷몸판(안)

트임 끝점

상침

0.5

11 몸판의 밑단을 두 번 접어 상침한다

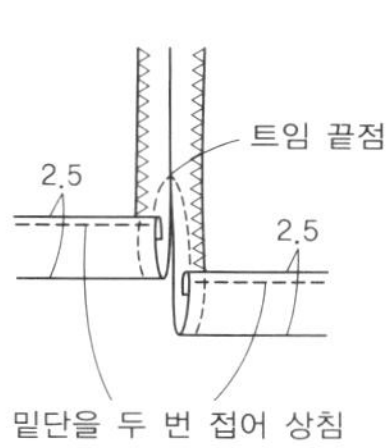

트임 끝점

2.5

2.5

밑단을 두 번 접어 상침

A-2 리본 튜닉 블라우스 ▶ p.8

패턴 (실물크기 패턴 A면)
앞몸판, 뒷몸판, 소매, 앞안단, 뒤안단

완성 사이즈 (7호 / 9호 / 11호 / 13호)
가슴둘레 112cm / 115cm / 118cm / 121cm
옷 길이 56cm
소매 길이 20.2cm

재료
겉감(데님) 116cm폭×160cm
배색천(코튼) 60cm폭×20cm
접착심(안단용) 90cm폭×20cm
파이핑 테이프 1cm폭×60cm
단추 지름1cm 1개
얇은 끈 (뒤트임용) 4.5cm, (리본 통로용) 14cm
그로그램 리본 3.8cm폭×200cm

봉합 준비 (→p.58)
· 앞 · 뒤안단의 안쪽면에 접착심을 붙인다
· 뒷중심, 어깨, 옆선, 소매 아래의 시접, 안단 밑단을
  원단의 겉쪽에서 지그재그봉제 또는 오버록 처리한다
· 밑단, 소맷부리를 두 번 접어 다린다

만드는 방법
1 몸판의 어깨를 봉합한다 (→p.59)
2 안단의 어깨를 봉합한다 (→p.59)
3 몸판에 안단을 맞추고, 목둘레를 봉합한다 (→p.61)
4 몸판에 소매를 단다 (→p.59)
5 앞 · 뒤몸판을 겉끼리 맞대고, 옆선에 얇은 끈을 끼운 후,
  소매 아래와 옆선을 한 번에 이어서 봉합한다 (→p.59)
6 소맷부리를 두 번 접어 상침한다
7 몸판의 뒷중심을 봉합한다 (→p.61)
8 몸판에 뒤트임을 만든다 (→p.61)
9 몸판의 밑단을 두 번 접어 상침한다
10 몸판에 단추를 단다

만드는 순서

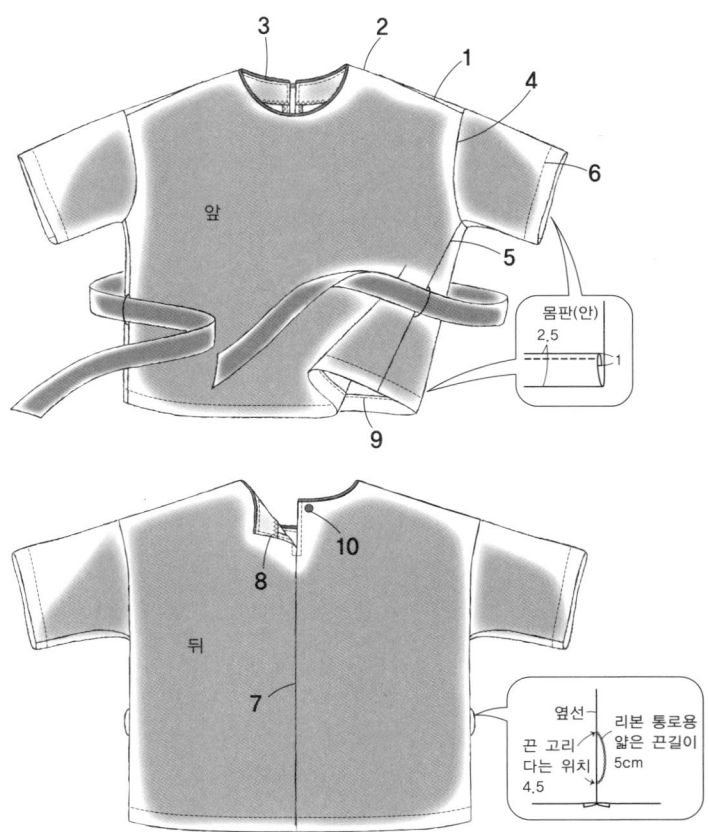

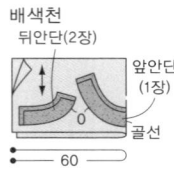

재단 배치도

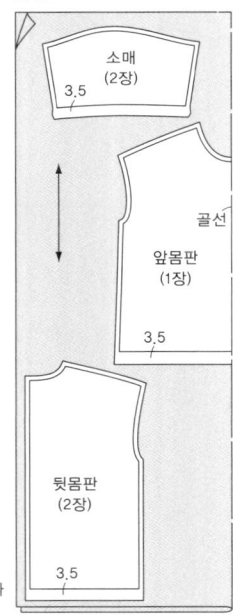

* 지정 이외의 시접은 1cm.
 는 안쪽면에 접착심을 붙인다

! POINT
밑단과 소맷부리의 굴곡부분을 마무리하는 방법

두꺼운 원단(A-2, E-5의 데님 등)으로 밑단이나 소맷부리를 두 번 접으면
옆선 부분의 시접이 두꺼워집니다. 그 위에 봉합을 하면 노루발이 원단에
걸려 앞으로 나아가지 못하고 실이 엉키거나 무리하게 원단을 잡아 당기
면 바늘땀이 뜨게 됩니다. 노루발이 앞으로 잘 나아갈 수 있도록 두꺼운
종이를 이용해 보세요.

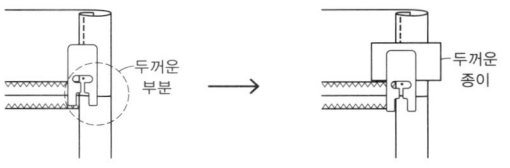

두꺼운 부분의 바로 앞에서
봉합을 멈추고, 바늘을 내린
채 노루발을 들어 올린다

원단의 겹쳐진 두께에 맞춰, 두꺼운
종이를 접어 노루발 뒤쪽에 끼우고,
노루발을 내린 후 이어서 봉합한다

3 몸판에 안단을 맞추고, 목둘레를 봉합한다

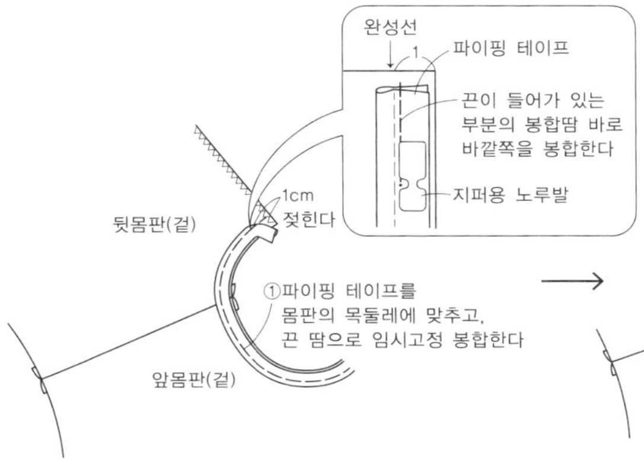

완성선
파이핑 테이프
끈이 들어가 있는 부분의 봉합땀 바로 바깥쪽을 봉합한다
지퍼용 노루발
뒷몸판(겉)
1cm 젖힌다
①파이핑 테이프를 몸판의 목둘레에 맞추고, 끈 땀으로 임시고정 봉합한다
앞몸판(겉)

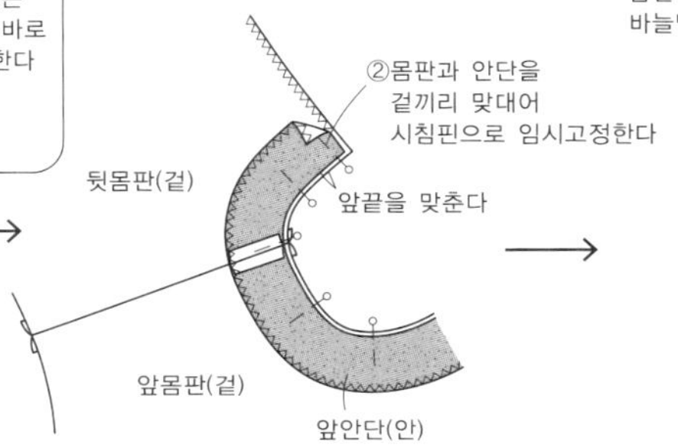

②몸판과 안단을 겉끼리 맞대어 시침핀으로 임시고정한다
뒷몸판(겉)
앞끝을 맞춘다
앞몸판(겉)
앞안단(안)

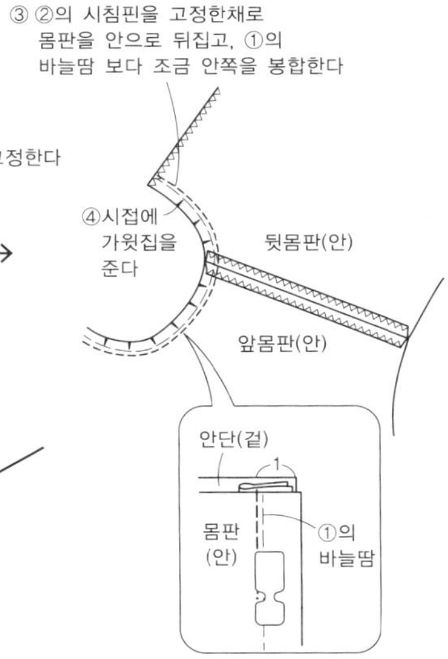

③②의 시침핀을 고정한채로 몸판을 안으로 뒤집고, ①의 바늘땀 보다 조금 안쪽을 봉합한다
④시접에 가윗집을 준다
뒷몸판(안)
앞몸판(안)

안단(겉)
1
몸판(안)
①의 바늘땀

※파이핑 테이프란?…바이어스 방향으로 재단한 테이프를 반으로 접고 접음선에 얇은 끈을 넣은 후 봉합한 테이프. 서적에는 시중에 판매되고 있는 파이핑 테이프를 사용함.

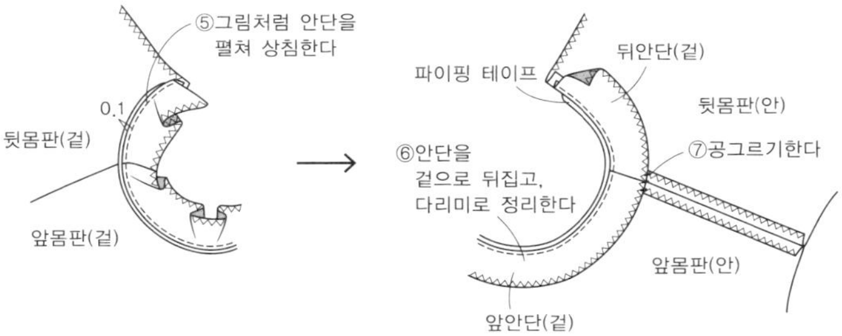

⑤그림처럼 안단을 펼쳐 상침한다
뒷몸판(겉)
0.1
앞몸판(겉)

파이핑 테이프
뒤안단(겉)
뒷몸판(안)
⑥안단을 겉으로 뒤집고, 다리미로 정리한다
⑦공그르기한다
앞몸판(안)
앞안단(겉)

7 몸판의 뒷중심을 봉합한다

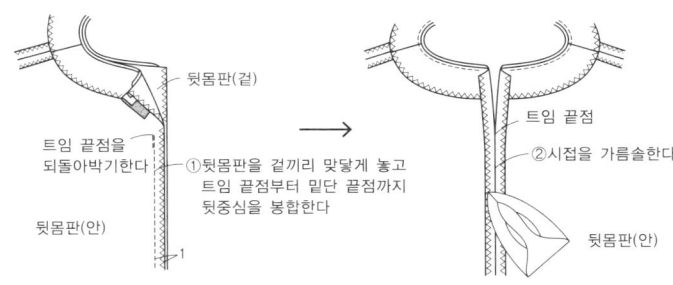

뒷몸판(겉)
트임 끝점을 되돌아박기한다
①뒷몸판을 겉끼리 맞닿게 놓고 트임 끝점부터 밑단 끝점까지 뒷중심을 봉합한다
뒷몸판(안)
1

트임 끝점
②시접을 가름솔한다
뒷몸판(안)

8 몸판에 뒤트임을 만든다

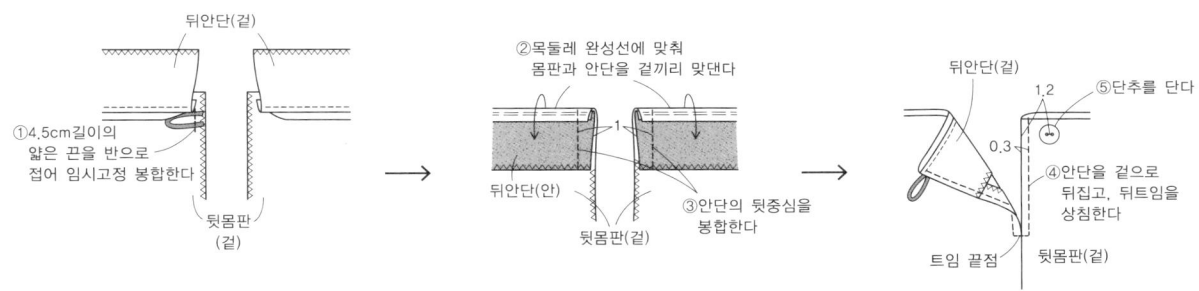

뒤안단(겉)
①4.5cm길이의 얇은 끈을 반으로 접어 임시고정 봉합한다
뒷몸판(겉)

②목둘레 완성선에 맞춰 몸판과 안단을 겉끼리 맞댄다
1
뒤안단(안)
③안단의 뒷중심을 봉합한다
뒷몸판(겉)

뒤안단(겉)
1.2
⑤단추를 단다
0.3
④안단을 겉으로 뒤집고, 뒤트임을 상침한다
트임 끝점
뒷몸판(겉)

A-3 레이스 장식 블라우스 ▶ p.9

패턴 (실물크기 패턴 A면)
앞몸판, 뒷몸판, 소매, 앞안단, 뒤안단

완성 사이즈 (7호 / 9호 / 11호 / 13호)
가슴둘레 112cm / 115cm / 118cm / 121cm
옷 길이 56cm
소매 길이 25cm

재료
겉감(코튼 체크) 110cm폭×170m
접착심(안단용) 90cm폭×20cm
프릴 레이스 테이프 1.8cm폭×60cm
단추 지름1cm 1개
얇은 끈 4.5cm

봉합 준비 (→p.58)
· 앞 · 뒤안단의 안쪽면에 접착심을 붙인다
· 뒷중심, 어깨, 옆선, 소매 아래의 시접, 안단 밑단을
  원단 겉쪽에서 지그재그봉제 또는 오버록 처리한다
· 밑단, 소맷부리를 두 번 접어 다린다

만드는 방법
1 몸판의 어깨를 봉합한다 (→p.59)
2 안단의 어깨를 봉합한다 (→p.59)
3 몸판에 안단을 맞추고, 목둘레를 봉합한다 (→p.62)
4 몸판에 소매를 단다 (→p.59)
5 소매 아래와 옆선을 한 번에 이어서 봉합한다 (→p.59)
6 소맷부리를 두 번 접어 상침한다
7 몸판의 뒷중심을 봉합한다 (→p.61)
8 몸판에 뒤트임을 만든다 (→p.61)
9 몸판의 밑단을 두 번 접어 상침한다
10 몸판에 단추를 단다

재단 배치도

＊ 지정 이외의 시접은 1cm.
▨ 는 안쪽면에 접착심을 붙인다

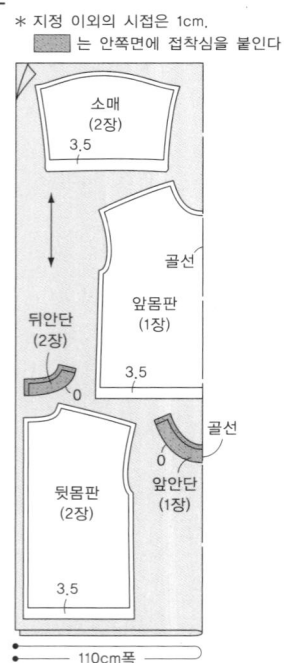

만드는 순서

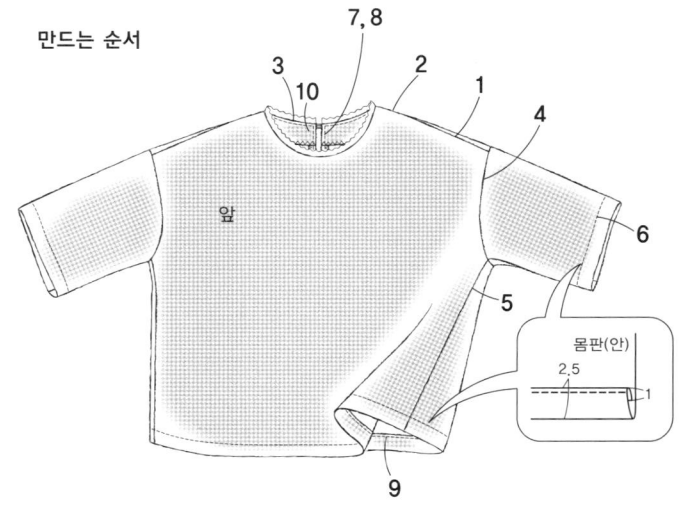

3 몸판에 안단을 맞추고, 목둘레를 봉합한다

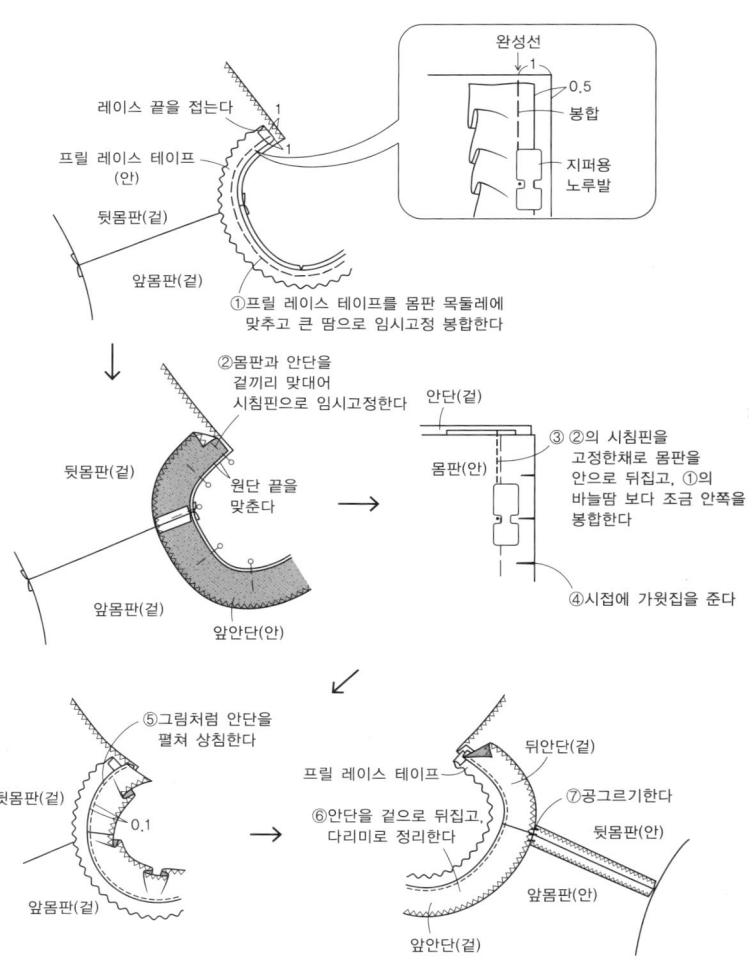

62

A-5 프릴 소매 블라우스 ▶ p.12

패턴 (실물크기 패턴 A면)
앞몸판, 뒷몸판, 소매, 앞안단, 뒤안단

완성 사이즈 (7호 / 9호 / 11호 / 13호)
가슴둘레 112cm / 115cm / 118cm / 121cm
옷 길이 56cm
소매 길이 19.2cm

재료
겉감(리넨) 100cm폭×200cm
접착심(안단용) 90cm폭×20cm
단추 지름1cm 1개
얇은 끈 4.5cm

봉합 준비 (→p.58)
· 앞 · 뒤안단의 안쪽면에 접착심을 붙인다
· 뒷중심, 어깨, 옆선, 소매 아래의 시접, 안단 밑단을
  원단의 겉쪽에서 지그재그봉제 또는 오버록 처리한다
· 밑단, 소맷부리를 두 번 접어 다린다

만드는 방법
1 몸판의 어깨를 봉합한다 (→p.59)
2 안단의 어깨를 봉합한다 (→p.59)
3 몸판에 안단을 맞추고, 목둘레를 봉합한다 (→p.59)
4 소매에 주름을 잡고, 몸판에 단다 (→p.63)
5 소매 아래와 옆선을 한 번에 이어서 봉합한다 (→p.59)
6 소맷부리를 두 번 접어 상침한다
7 몸판의 뒷중심을 봉합한다 (→p.61)
8 몸판에 뒤트임을 만든다 (→p.61)
9 몸판의 밑단을 두 번 접어 상침한다
10 몸판에 단추를 단다

만드는 순서

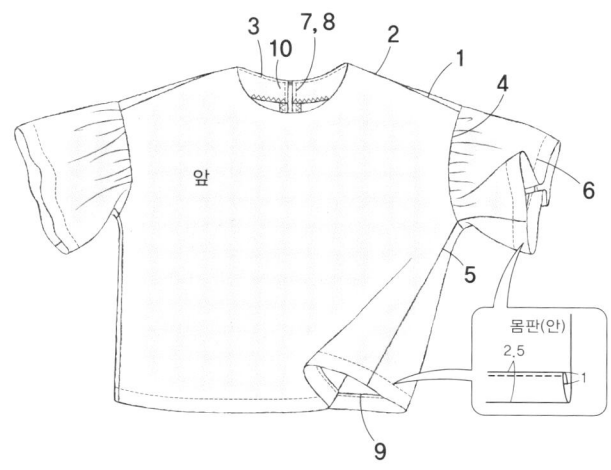

4 소매에 주름을 잡고, 몸판에 단다

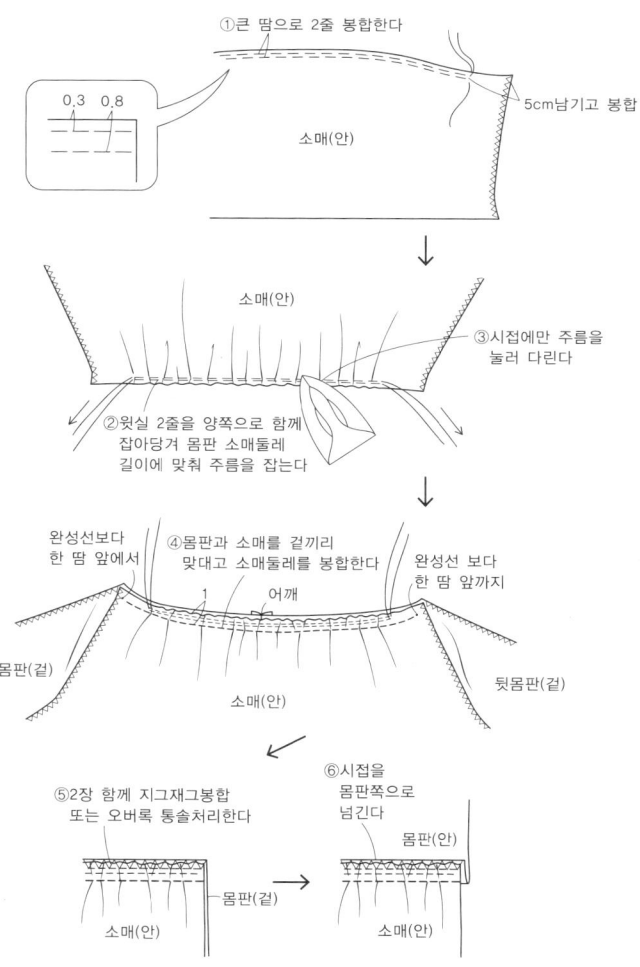

재단 배치도

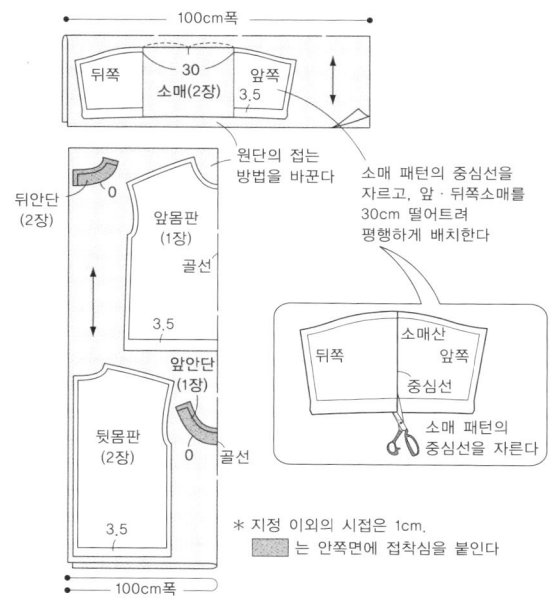

A-6 프릴 장식 블라우스 ▶ p.13

패턴 (실물크기 패턴 A면)
앞몸판, 뒷몸판, 소매, 앞칼라, 뒤칼라
※앞 · 뒤밑단 프릴은 재단 배치도에 기재된 치수로
　직접 제도하여 사용합니다

완성 사이즈 (7호 / 9호 / 11호 / 13호)
가슴둘레 112cm / 115cm / 118cm / 121cm
옷 길이 52.5cm
소매 길이 20.2cm

재료
겉감(코튼 론 프린트) 110cm폭×160cm
배색천(코튼 새틴) 60×20cm
접착심(앞 · 뒤칼라용) 90cm폭×20cm
바이어스테이프 0.8cm폭×100cm
단추 지름1cm 1개
얇은 끈 4.5cm

봉합 준비 (→p.58)
· 앞 · 뒤칼라의 안쪽면에 접착심을 붙인다
· 뒷중심, 어깨, 옆선, 소매 아래, 밑단 프릴의 옆선 시접을
　원단의 겉쪽에서 지그재그봉제 또는 오버록 처리한다
· 프릴의 밑단, 소맷부리를 두 번 접어 다린다

만드는 방법
1 몸판의 어깨를 봉합한다 (→p.59)
2 칼라의 어깨를 봉합하고, 밑단둘레를
　바이어스테이프로 감싼다 (→p.64)
3 몸판에 칼라를 맞추고, 목둘레를 봉합한다 (→p.65)
4 몸판에 소매를 단다 (→p.59)
5 소매 아래와 옆선을 한 번에 이어서 봉합한다 (→p.59)
6 소맷부리를 두 번 접어 상침한다
7 몸판에 뒤트임을 만든다 (→p.65)
8 몸판의 뒷중심을 봉합한다 (→p.65)
9 앞 · 뒤밑단 프릴을 겉끼리 맞대어 옆선을 봉합하고,
　시접을 가름솔한다
10 밑단 프릴의 밑단을 두 번 접어 상침한다
11 밑단 프릴에 주름을 잡고,
　몸판에 맞춰 봉합한다 (→p.65)
12 몸판에 단추를 단다

재단 배치도 (→p.65)

만드는 순서

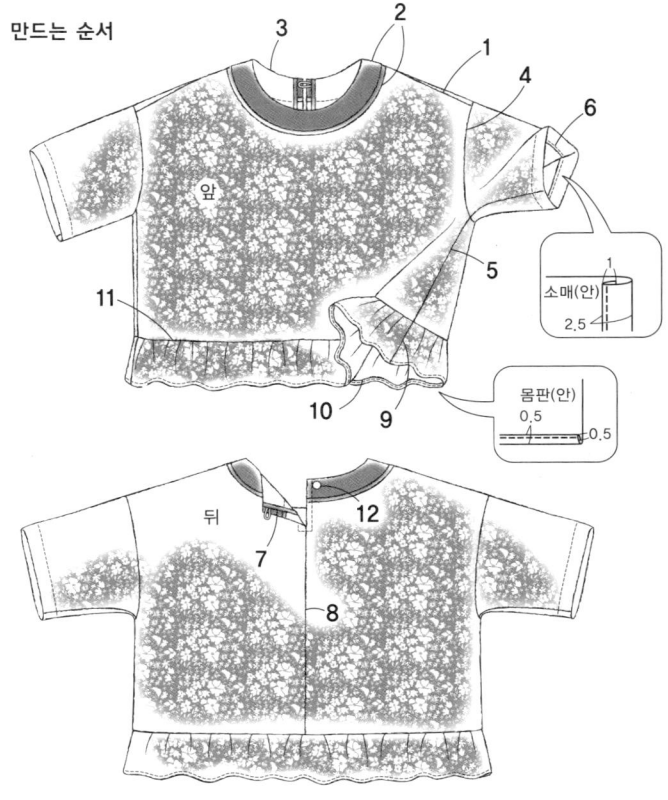

2 칼라의 어깨를 봉합하고, 밑단둘레를 바이어스테이프로 감싼다

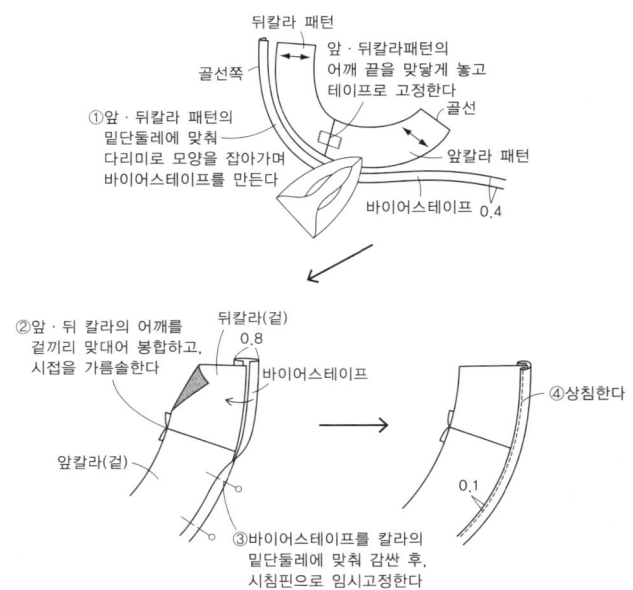

3 몸판에 칼라를 맞추고, 목둘레를 봉합한다

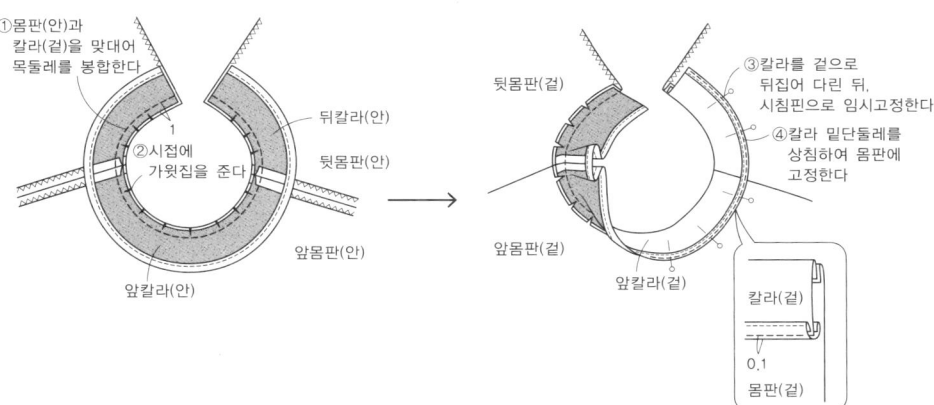

①몸판(안)과 칼라(겉)를 맞대어 목둘레를 봉합한다

1

②시접에 가윗집을 준다

뒤칼라(안)

뒷몸판(안)

앞몸판(안)

앞칼라(안)

③칼라를 겉으로 뒤집어 다린 뒤, 시침핀으로 임시고정한다

④칼라 밑단둘레를 상침하여 몸판에 고정한다

뒷몸판(겉)

앞몸판(겉)

앞칼라(겉)

칼라(겉)

0.1

몸판(겉)

재단 배치도

겉감

앞·뒤밑단 프릴(2장)

8   54   골선

8   54   골선

소매 (2장)

3.5

앞몸판 (1장)

골선

뒷몸판 (2장)

110cm폭

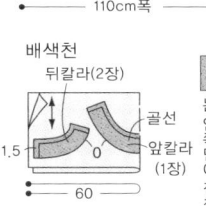

배색천

뒤칼라(2장)

골선

앞칼라 (1장)

1.5   0

60

※지정 이외의 시접은 안쪽면에 접착심을 붙인다

는 안쪽면에 접착심을 붙인다 1cm.

7 몸판에 뒤트임을 만든다

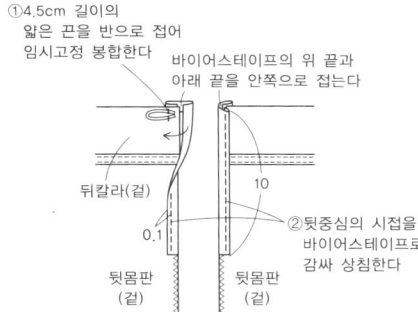

①4.5cm 길이의 앞은 끈을 반으로 접어 임시고정 봉합한다

바이어스테이프의 위 끝과 아래 끝을 안쪽으로 접는다

뒤칼라(겉)

10

0.1

뒷몸판 (겉)

뒷몸판 (겉)

②뒷중심의 시접을 바이어스테이프로 감싸 상침한다

8 몸판의 뒷중심을 봉합한다

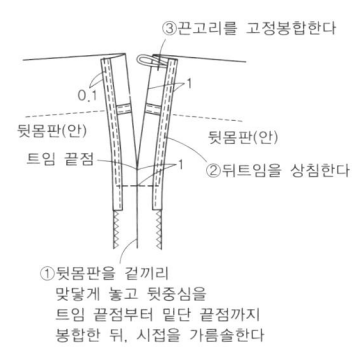

③끈고리를 고정봉합한다

0.1   1

뒷몸판(안)

트임 끝점

뒷몸판(안)

1

②뒤트임을 상침한다

①뒷몸판을 겉끼리 맞닿게 놓고 뒷중심을 트임 끝점부터 밑단 끝점까지 봉합한 뒤, 시접을 가름솔한다

11 밑단 프릴에 주름을 잡고, 몸판에 맞춰 봉합한다

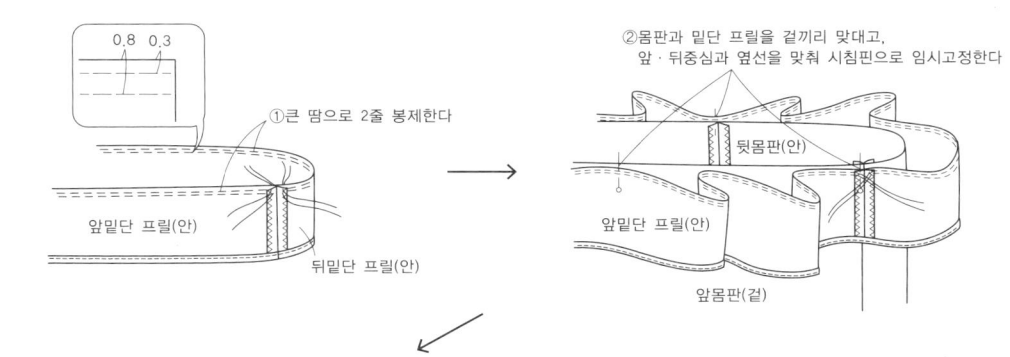

0.8 0.3

①큰 땀으로 2줄 봉제한다

앞밑단 프릴(안)

뒤밑단 프릴(안)

②몸판과 밑단 프릴을 겉끼리 맞대고, 앞·뒤중심과 옆선을 맞춰 시침핀으로 임시고정한다

뒷몸판(안)

앞몸판(겉)

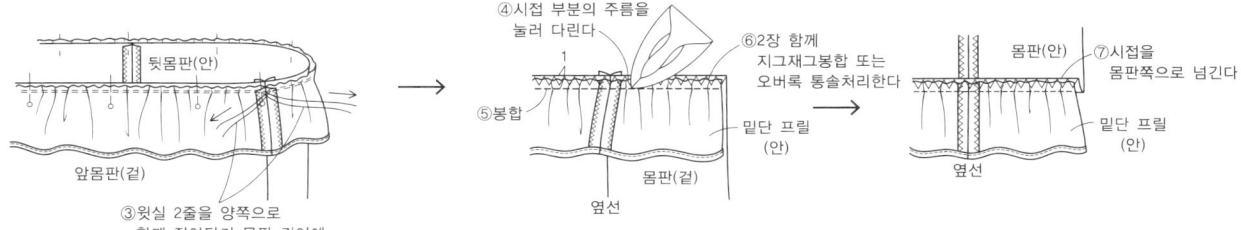

뒷몸판(안)

앞몸판(겉)

③윗실 2줄을 양쪽으로 함께 잡아당겨 몸판 길이에 맞춰 주름을 잡는다

④시접 부분의 주름을 눌러 다린다

1

⑤봉합

⑥2장 함께 지그재그봉합 또는 오버록 통솔처리한다

밑단 프릴 (안)

몸판(겉)

옆선

⑦시접을 몸판쪽으로 넘긴다

몸판(안)

밑단 프릴 (안)

옆선

A-4 개더 튜닉 원피스 ▶ p.10

패턴 (실물크기 패턴 A면)
앞몸판, 뒷몸판, 앞안단, 뒤안단, 주머니
※소맷부리용 바이어스천은 재단 배치도에 기재된
치수로 직접 제도하여 사용합니다

완성 사이즈 (7호 / 9호 / 11호 / 13호)
가슴둘레 112cm / 115cm / 118cm / 121cm
옷 길이 98.5cm

재료
겉감(코튼 론 프린트) 110cm폭×220cm
접착심(안단용) 90cm폭×20cm
소잉테이프 심지(앞몸판 주머니 입구용) 1.2cm폭×40cm
고무줄 0.6cm폭×66cm / 69cm / 72cm / 75cm
단추 지름1cm 1개
얇은 끈 4.5cm

봉합 준비 (→p.58)
· 앞·뒤안단의 안쪽면에 접착심을 붙인다
· 앞몸판 주머니 입구의 시접 안쪽면에 소잉테이프 심지를 붙인다
· 몸판의 뒷중심, 어깨, 옆선, 주머니 입구 시접, 안단 밑단을
  원단의 겉쪽에서 지그재그봉제 또는 오버록 처리한다
· 밑단을 두 번 접어 다린다

만드는 방법
1 몸판의 어깨를 봉합한다 (→p.59)
2 안단의 어깨를 봉합한다 (→p.59)
3 몸판에 안단을 맞추고, 목둘레를 봉합한다 (→p.59)
4 소매둘레를 바이어스처리한다 (→p.67)
5 주머니를 만들고, 몸판의 옆선을 봉합한다 (→p.67)
6 몸판의 뒷중심을 봉합한다 (→p.61)
7 몸판에 뒤트임을 만든다 (→p.61)
8 몸판의 밑단을 두 번 접어 상침한다
9 몸판의 허리에 고무줄을 봉합해 단다 (→p.66)
10 몸판에 단추를 단다

재단 배치도

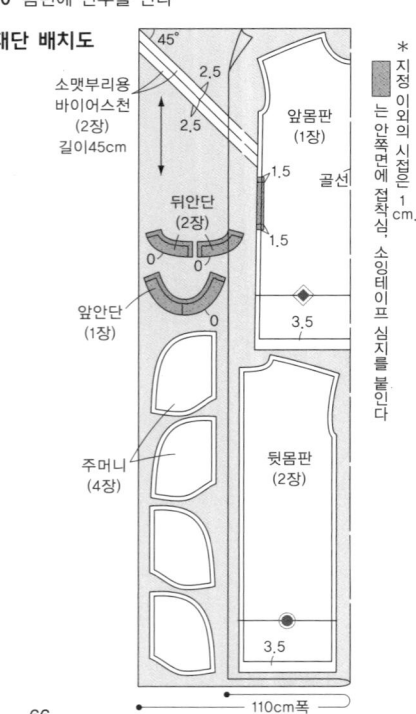

만드는 순서

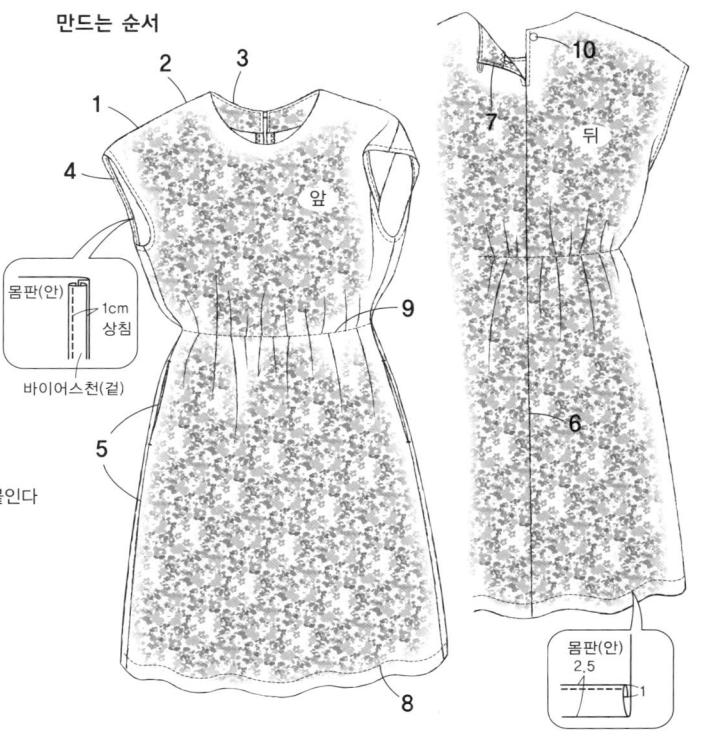

9 몸판의 허리에 고무줄을 봉합해 단다

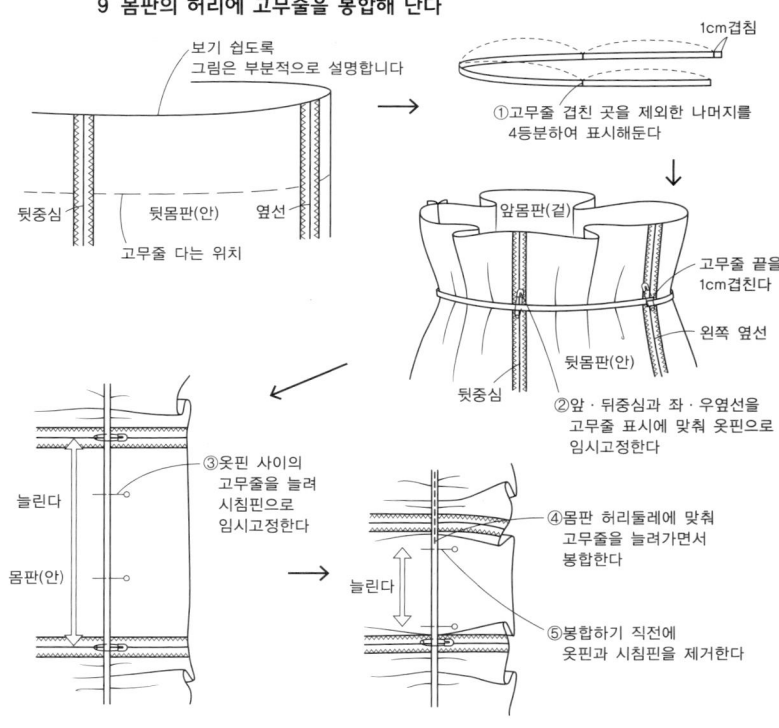

4 소매둘레를 바이어스처리한다

【바이어스천 만드는 방법】

(겉)

①안끼리 맞대어 반으로 접는다

↓

①의 접음선

(안)

②원단을 펼치고, 접음선을 기준으로
위아래를 접는다

완성선보다
한 땀 앞에서
0.6

①몸판의 소매둘레에
바이어스천을 겉끼리
맞대어 봉합한다

1

앞몸판(겉)

②소매둘레 시접을
잘라 정리한다

뒷몸판(겉)

③시접에 가윗집을 준다

완성선보다
한 땀 앞까지

바이어스천(겉)

앞몸판(안)

뒷몸판(안)

④바이어스천을 겉으로
뒤집어 정리한 후,
시침핀으로 임시고정한다

⑤몸판 완성선에 맞춰 바이어스천을
접어 다리고, 몸판 시접에 맞춰
남은 바이어스를 자른다

앞몸판(안)   뒷몸판(겉)

바이어스천을
펼쳐 겉끼리 맞댄다

⑥ ⑤의 접음선을 기준으로
바이어스천과 옆선을
한 번에 이어서 봉합한다
(→아래 그림 5-③에서 계속됨)

1

앞몸판(안)   뒷몸판(겉)

1

⑦상침한다

5 주머니를 만들고, 몸판의 옆선을 봉합한다

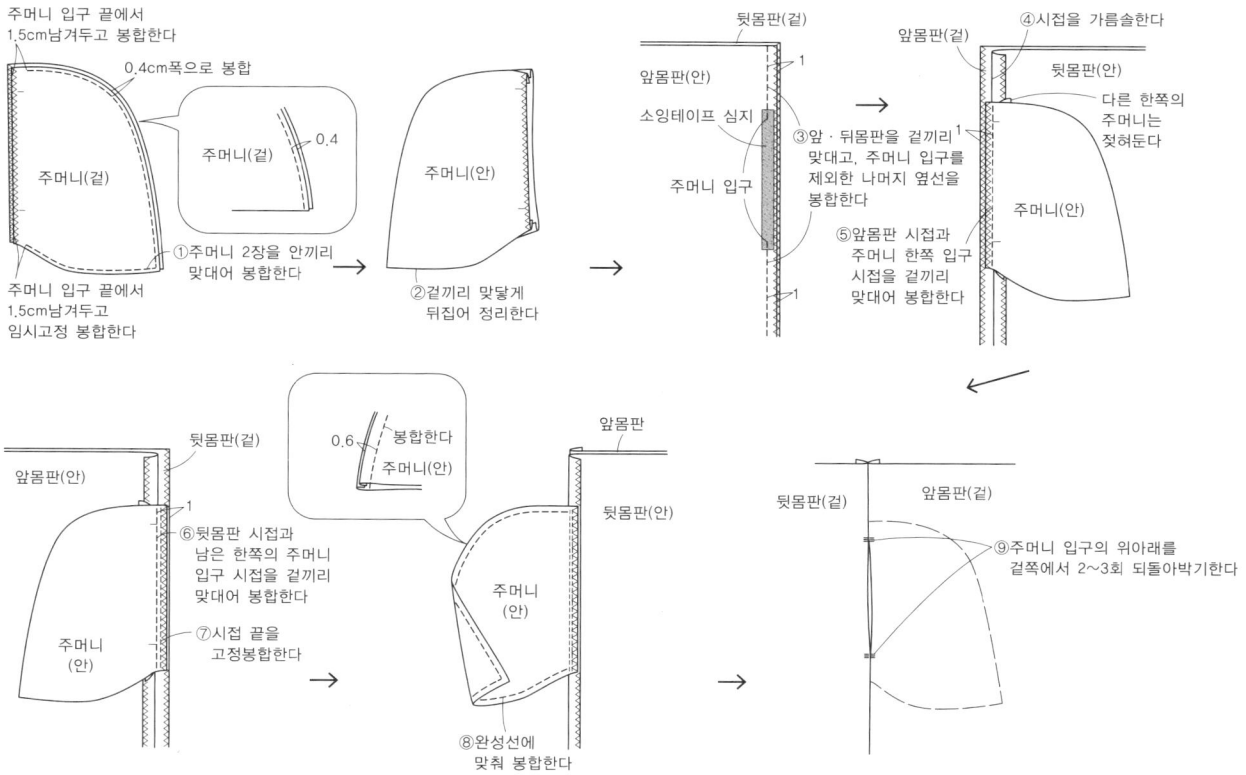

주머니 입구 끝에서
1.5cm남겨두고 봉합한다

0.4cm폭으로 봉합

주머니(겉)

주머니(겉)

0.4

주머니(안)

주머니 입구 끝에서
1.5cm남겨두고
임시고정 봉합한다

①주머니 2장을 안끼리
맞대어 봉합한다

②겉끼리 맞닿게
뒤집어 정리한다

뒷몸판(겉)

1

앞몸판(안)

소잉테이프 심지

주머니 입구

③앞·뒷몸판을 겉끼리
맞대고, 주머니 입구를
제외한 나머지 옆선을
봉합한다

1

1

④시접을 가름솔한다

앞몸판(겉)

뒷몸판(안)

다른 한쪽의
주머니는
젖혀둔다

주머니(안)

⑤앞몸판 시접과
주머니 한쪽 입구
시접을 겉끼리
맞대어 봉합한다

앞몸판(안)

뒷몸판(겉)

1

⑥뒷몸판 시접과
남은 한쪽의 주머니
입구 시접을 겉끼리
맞대어 봉합한다

⑦시접 끝을
고정봉합한다

주머니
(안)

0.6 봉합한다

주머니(안)

앞몸판

뒷몸판(안)

주머니
(안)

⑧완성선에
맞춰 봉합한다

뒷몸판(겉)

앞몸판(겉)

⑨주머니 입구의 위아래를
겉쪽에서 2~3회 되돌아박기한다

A-7 레이스 소매 원피스 ▶ p.14

패턴 (실물크기 패턴 A면)
앞몸판, 뒷몸판, 앞안단, 뒤안단, 주머니

완성 사이즈 (7호 / 9호 / 11호 / 13호)
가슴둘레 112cm / 115cm / 118cm / 121cm
옷 길이 103cm

재료
겉감(리넨) 110cm폭×230cm
레이스 7cm폭×90cm
접착심(안단용) 90cm폭×20cm
소잉테이프 심지(앞몸판 주머니 입구용) 1.2cm폭×40cm
단추 지름1cm 1개
얇은 끈 4.5cm

봉합 준비 (→p.58)
· 앞 · 뒤안단의 안쪽면에 접착심을 붙인다
· 앞몸판 주머니 입구의 시접 안쪽면에 소잉테이프 심지를 붙인다
· 몸판의 뒷중심, 어깨, 옆선, 주머니 입구 시접, 안단 밑단을
  원단의 겉쪽에서 지그재그봉제 또는 오버록 처리한다
· 밑단을 두 번 접어 다린다

만드는 방법
1 몸판의 어깨를 봉합한다 (→p.59)
2 안단의 어깨를 봉합한다 (→p.59)
3 몸판에 안단을 맞추고, 목둘레를 봉합한다 (→p.59)
4 소매둘레에 레이스를 단다 (→p.68)
5 주머니를 만들고, 몸판의 옆선을 봉합한다 (→p.67, 68)
6 몸판의 뒷중심을 봉합한다 (→p.61)
7 몸판에 뒤트임을 만든다 (→p.61)
8 몸판의 밑단을 두 번 접어 상침한다
9 몸판에 단추를 단다

재단 배치도

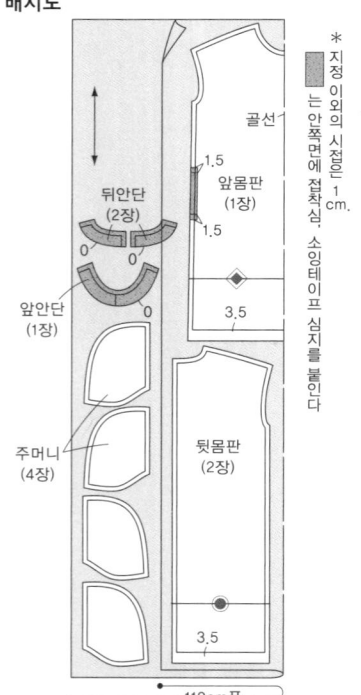

만드는 순서

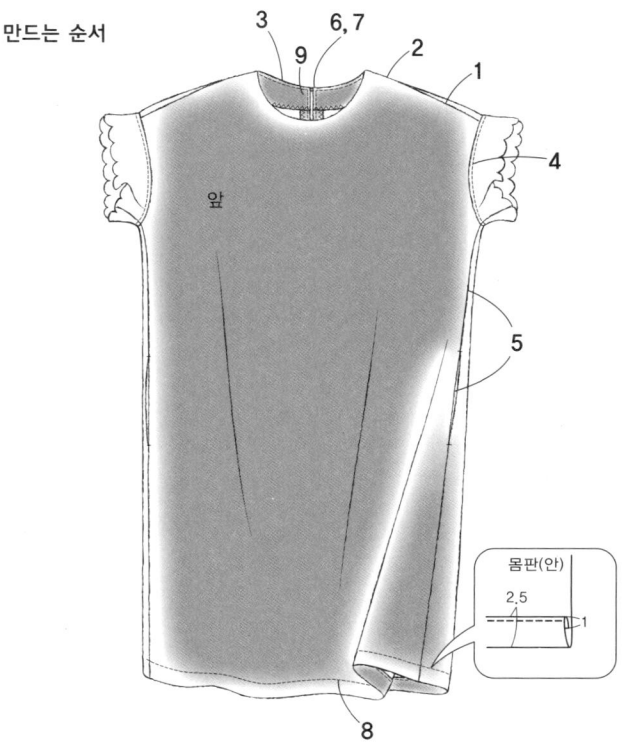

4 소매둘레에 레이스를 단다

5 주머니를 만들고, 몸판의 옆선을 봉합한다

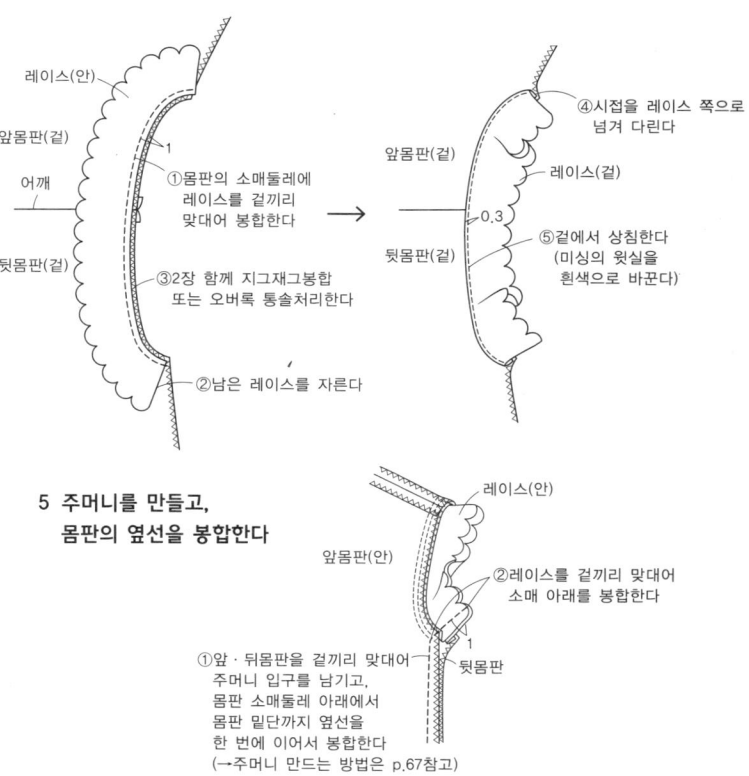

68

A-8 튜닉 원피스 ▶ p.16

패턴 (실물크기 패턴 A면)
앞몸판, 뒷몸판, 소매, 앞안단, 뒤안단

완성 사이즈 (7호 / 9호 / 11호 / 13호)
가슴둘레 112cm / 115cm / 118cm / 121cm
옷 길이 98.5cm
소매 길이 25cm

재료
겉감(코튼 더블거즈) 114cm폭×230cm
※무늬 맞춤이 필요한 경우에는 원단을 넉넉하게 준비한다
접착심(안단용) 90cm폭×20cm
단추 지름1cm 1개
얇은 끈 4.5cm

봉합 준비 (→p.58)
· 앞 · 뒤안단의 안쪽면에 접착심을 붙인다
· 뒷중심, 어깨, 옆선, 소매 아래의 시접, 안단 밑단을
  원단의 겉쪽에서 지그재그봉제 또는 오버록 처리한다
· 밑단, 소맷부리를 두 번 접어 다린다

만드는 방법
1 몸판의 어깨를 봉합한다 (→p.59)
2 안단의 어깨를 봉합한다 (→p.59)
3 몸판에 안단을 맞추고, 목둘레를 봉합한다 (→p.59)
4 몸판에 소매를 단다 (→p.59)
5 소매 아래와 옆선을 한 번에 이어서 봉합한다 (→p.59)
6 소맷부리를 두 번 접어 상침한다
7 몸판의 뒷중심을 봉합한다 (→p.61)
8 몸판에 뒤트임을 만든다 (→p.61)
9 몸판의 밑단을 두 번 접어 상침한다
10 몸판에 단추를 단다

재단 배치도

만드는 순서

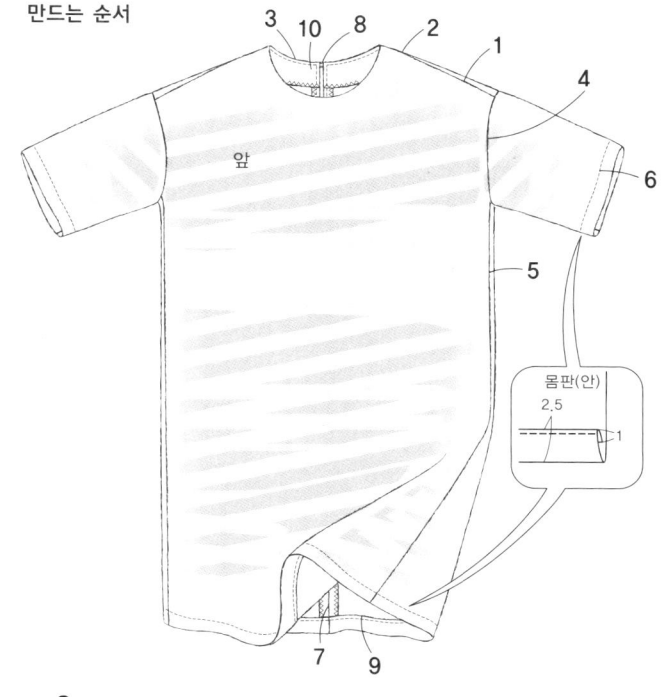

❗ POINT
원단 바로잡기

코튼이나 리넨은 물이 닿으면 줄어드는 특성이 있습니다. 완성 후에 세탁으로 원단이 줄어들거나 변형되지 않도록 봉제하기 전에 미리 원단을 세탁하여 올방향을 정리하고, 원단 바로잡기를 합니다. 울원단의 경우에는 물이 닿지 않도록 스팀다리미를 사용하여 ①~③의 순서대로 원단 바로잡기를 합니다.

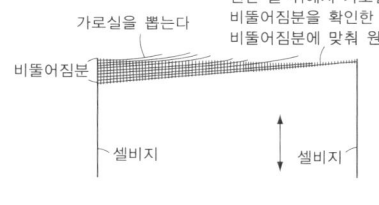

①원단 끝의 가로실을 뽑아 무서방향이 비뚤어짐 없이 올바른지 확인한다

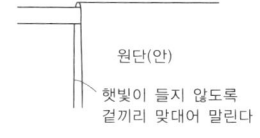

②원단을 크게 접어 물에 1시간 정도 담궈둔다. 주름이 생기지 않도록 세탁기로 가볍게 탈수시키고 원단을 크게 펼쳐 그늘에서 말린다

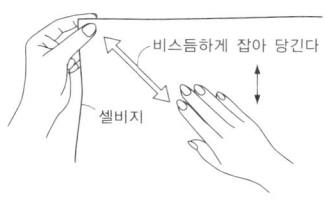

③ ①에서 원단의 비뚤어짐이 있는 경우에는 원단이 덜 마른 상태에서 비뚤어진 부분을 양손으로 비스듬하게 잡아 당겨 올방향을 수평과 수직이 되도록 맞춘다. 원단의 올방향을 바르게 고쳤다면 원단 안쪽면에서 세로와 가로 방향으로 다림질을 하여 정리한다

A-9 노칼라 재킷 ▶ p.18
A-10 노칼라 코트 ▶ p.19

패턴 (실물크기 패턴 A면)
앞몸판, 뒷몸판, 소매, 앞안단, 뒤안단,
주머니(A-10)

완성 사이즈 (7호 / 9호 / 11호 / 13호)
가슴둘레 112cm / 115cm / 118cm / 121cm
옷 길이 A-9=58cm / A-10=103cm
소매 길이 46.5cm

A-9의 재료
겉감(코튼 나일론) 142cm폭×180cm
접착심(안단용) 90cm폭×70cm
단추 지름2.4cm 1개
싸개스냅단추 지름2.4cm 1쌍

A-10의 재료
겉감(리넨 울) 135cm폭×260cm
접착심(안단용) 90cm폭×110cm
소잉테이프 심지(앞몸판 주머니 입구용) 1.2cm폭×40cm
싸개스냅단추 지름3cm 2쌍

봉합 준비 (→p.58)
· 앞·뒤안단의 안쪽면에 접착심을 붙인다
· 앞몸판 주머니 입구의 시접 안쪽면에
  소잉테이프 심지를 붙인다(A-10에만)
· 어깨, 옆선, 소매 아래의 시접, 앞안단 옆선, 뒤안단 밑단을
  원단의 겉쪽에서 지그재그봉제 또는 오버록 처리한다
· 주머니 입구 시접을 원단의 겉쪽에서 지그재그봉제
  또는 오버록 처리한다(A-10에만)
· 밑단, 소맷부리를 두 번 접어 다린다

만드는 방법
1 몸판의 어깨를 봉합한다 (→p.59)
2 안단의 어깨를 봉합한다 (→p.71)
3 몸판에 안단을 맞추고, 앞밑단에서 목둘레를
  한 번에 이어서 봉합한다(→p.71)
4 몸판에 소매를 단다 (→p.59)
5 소매 아래와 옆선을 한 번에 이어서 봉합한다 (→p.59)
  A-10은 몸판 옆선에 주머니를 만든다 (→p.67)
6 소맷부리를 두 번 접어 상침한다
7 몸판의 밑단을 두 번 접어 상침한다
8 A-9는 몸판에 단추와 싸개스냅단추를 단다
  A-10은 몸판에 싸개스냅단추를 단다 (→p.71)

만드는 순서 A-9

재단 배치도

A-9

* 지정 이외의 시접은 1cm.
▨ 는 안쪽면에 접착심, 소잉테이프 심지를 붙인다

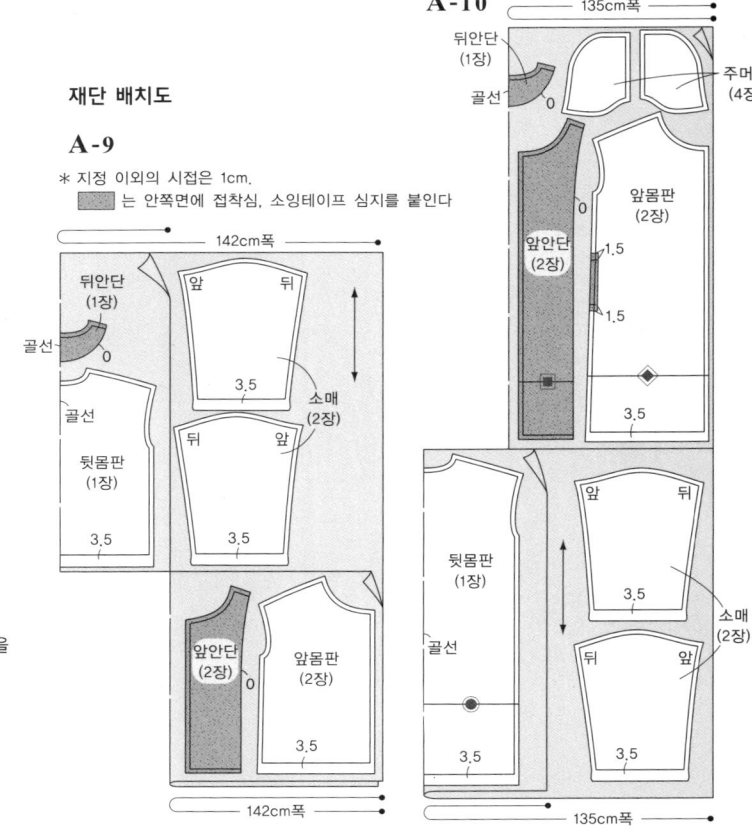

2 안단의 어깨를 봉합한다

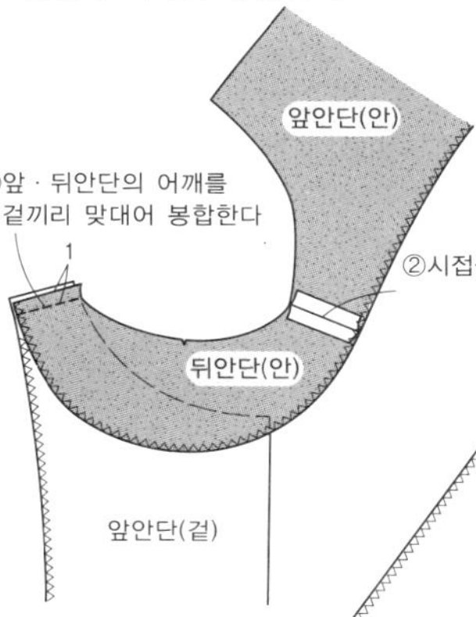

앞안단(안)

①앞·뒤안단의 어깨를
겉끼리 맞대어 봉합한다

1

②시접을 가름솔한다

뒤안단(안)

앞안단(겉)

3 몸판에 안단을 맞추고, 앞밑단에서 목둘레를 한 번에 이어서 봉합한다

뒷몸판(겉)

뒤안단(안)

1

②목둘레 시접에
가윗집을 준다

앞몸판(겉)

앞안단(안)

1

③모서리의 시접을
비스듬하게 자른다

①몸판에 안단을 맞추고,
앞밑단에서 목둘레를
한 번에 이어서 봉합한다

1.5

밑단을 자른다

③

뒷몸판(겉)

뒤안단(안)

앞몸판(겉)

앞안단(안)

④시접을 안단쪽으로
넘겨 다린다

【두꺼운 울 원단의 경우】

손가락 끝에 물을 묻혀
솔기를 적시고,
다리미로 솔기를
펴듯이 시접을
가름솔한다

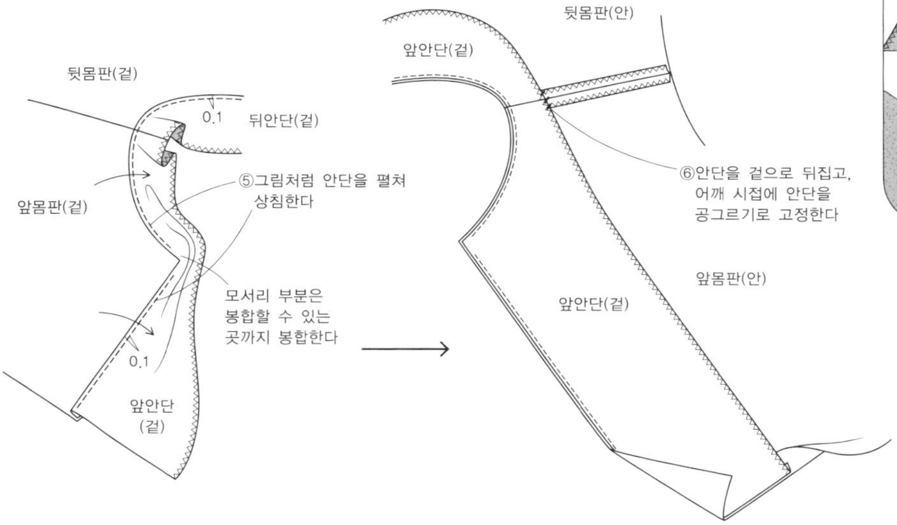

뒷몸판(겉)

0.1

뒤안단(겉)

앞안단(겉)

앞몸판(겉)

⑤그림처럼 안단을 펼쳐
상침한다

모서리 부분은
봉합할 수 있는
곳까지 봉합한다

0.1

앞안단
(겉)

앞안단(겉)

뒷몸판(안)

⑥안단을 겉으로 뒤집고,
어깨 시접에 안단을
공그르기로 고정한다

앞몸판(안)

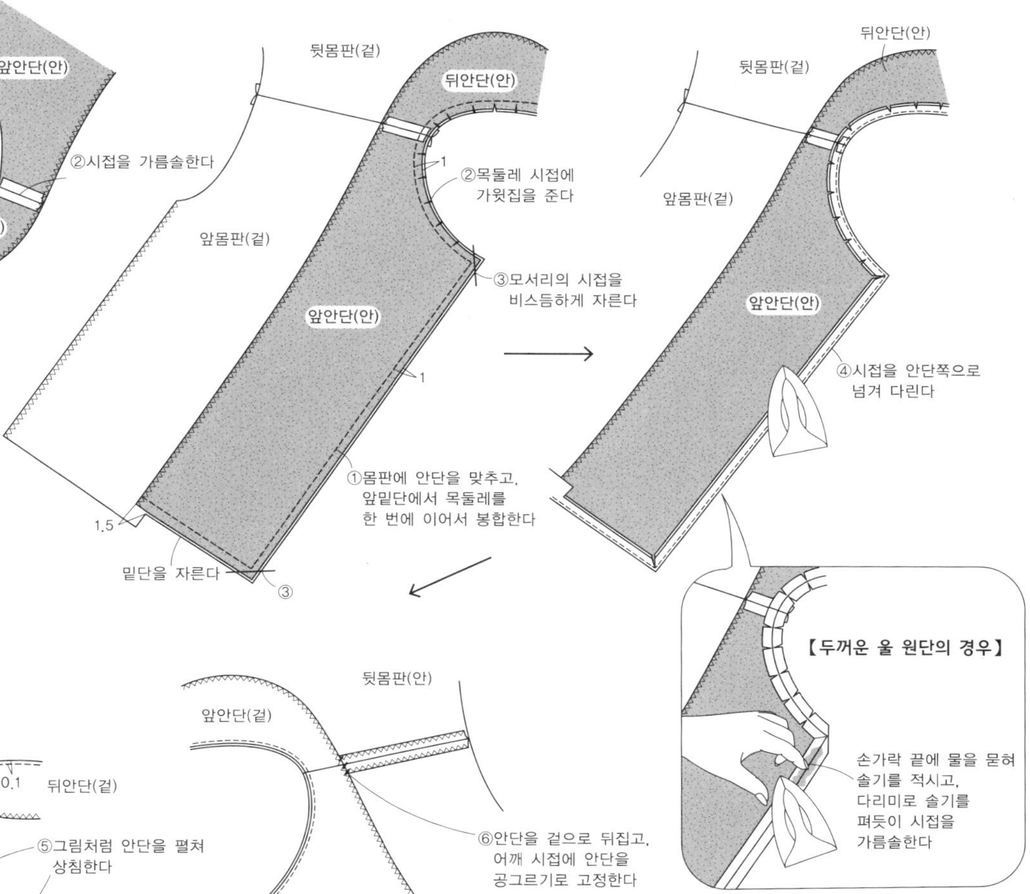

8 몸판에 단추와 싸개스냅단추를 단다

【A-10의 싸개스냅단추(凸) 다는 방법】

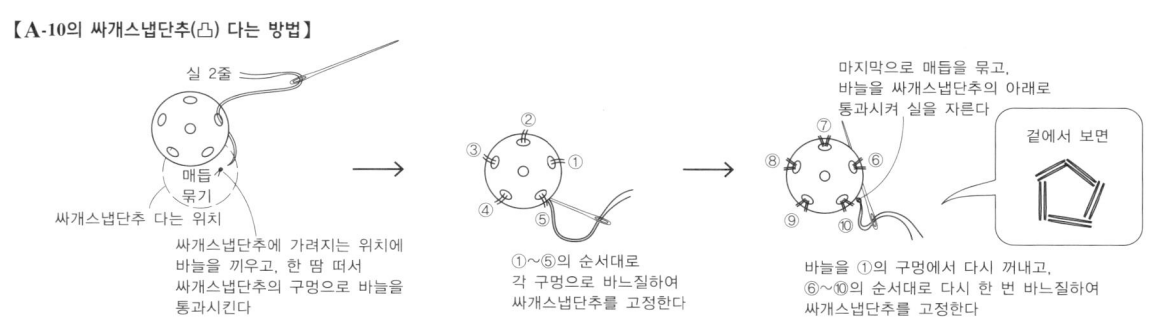

실 2줄

매듭
묶기

싸개스냅단추 다는 위치

싸개스냅단추에 가려지는 위치에
바늘을 끼우고, 한 땀 떠서
싸개스냅단추의 구멍으로 바늘을
통과시킨다

②
③ ①
④ ⑤

①~⑤의 순서대로
각 구멍으로 바느질하여
싸개스냅단추를 고정한다

마지막으로 매듭을 묶고,
바늘을 싸개스냅단추의 아래로
통과시켜 실을 자른다

⑦
⑧ ⑥
⑨ ⑩

겉에서 보면

바늘을 ①의 구멍에서 다시 꺼내고,
⑥~⑩의 순서대로 다시 한 번 바느질하여
싸개스냅단추를 고정한다

B-1 개더 스커트 ▶ p.20

패턴 (실물크기 패턴 B면)
앞스커트, 뒷스커트, 주머니

완성 사이즈 (7호 / 9호 / 11호 / 13호)
허리둘레 약 62.5cm / 65.5cm / 68.5cm / 71.5cm
허리둘레(최대) 199cm / 202cm / 205cm / 208cm
스커트 길이 71.5cm

재료
겉감(코튼 프린트) 7, 9호 108cm폭×170cm / 11, 13호 116cm폭×170cm
배색천(코튼) 110cm폭×40cm
소잉테이프 심지(앞스커트 주머니 입구용) 1.2cm폭×40cm
고무줄 2.5cm폭×7호 64cm / 9호 67cm / 11호 70cm / 13호 73cm

봉합 준비
· 앞스커트 주머니 입구의 시접 안쪽면에 소잉테이프 심지를 붙인다
· 스커트의 옆선, 주머니 입구 시접에 원단의 겉쪽에서
  지그재그봉제 또는 오버록 처리한다
· 허리와 밑단을 두 번 접어 다린다

만드는 방법
1 스커트의 옆선을 봉합하고, 주머니를 만든다 (→p.72, 81)
2 허리의 시접을 접고, 상침한다 (→p.72)
3 허리에 고무줄을 끼워 넣는다 (→p.72)
4 스커트의 밑단을 두 번 접어 상침한다

재단 배치도

겉감

배색천

* 지정 이외의 시접은 1cm.
  ▨ 는 안쪽면에 소잉테이프 심지를 붙인다

만드는 순서

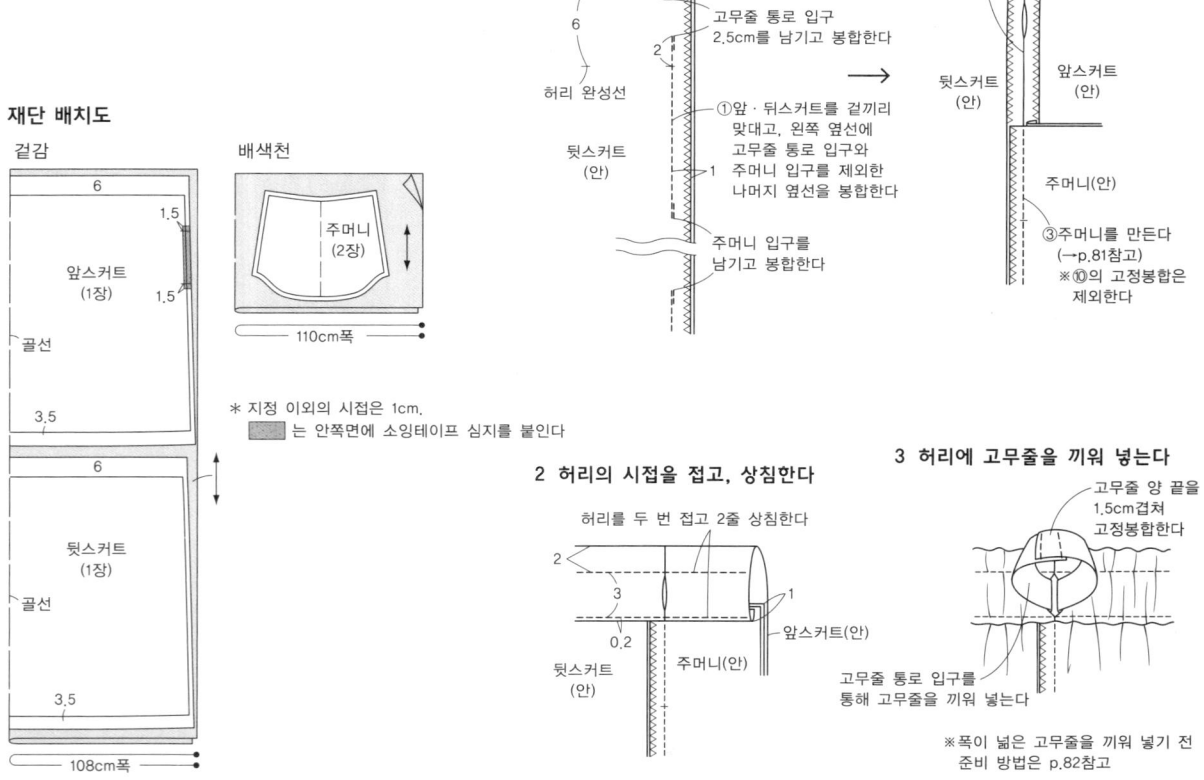

1 스커트의 옆선을 봉합하고, 주머니를 만든다

2 허리의 시접을 접고, 상침한다

허리를 두 번 접고 2줄 상침한다

3 허리에 고무줄을 끼워 넣는다

고무줄 통로 입구를 통해 고무줄을 끼워 넣는다

※폭이 넓은 고무줄을 끼워 넣기 전
준비 방법은 p.82참고

B-2 리본 스커트 ▶ p.22

패턴 (실물크기 패턴 B면)
앞스커트, 뒷스커트, 주머니

완성 사이즈 (7호 / 9호 / 11호 / 13호)
허리둘레 약 62.5cm / 65.5cm / 68.5cm / 71.5cm
허리둘레(최대) 199cm / 202cm / 205cm / 208cm
스커트 길이 69cm

재료
겉감(코튼 새틴) 110cm폭×200cm
소잉테이프 심지(앞스커트 주머니 입구용) 1.2cm폭×40cm
면테이프 2cm폭×7, 9호 300cm / 11, 13호 310cm
고무줄 0.9cm폭×7호 64cm / 9호 67cm / 11호 70cm / 13호 73cm

봉합 준비
· 앞스커트 주머니 입구의 시접 안쪽면에 소잉테이프 심지를 붙인다
· 스커트의 옆선, 주머니 입구 시접에 원단의 겉쪽에서
  지그재그봉제 또는 오버록 처리한다
· 허리와 밑단을 두 번 접어 다린다

만드는 방법
1 스커트의 옆선을 봉합하고, 주머니를 만든다 (→p.73, 81)
2 허리의 시접을 접고, 상침한다 (→p.73)
3 허리에 면테이프를 봉합하고, 고무줄을 끼워 넣는다 (→p.73)
4 스커트의 밑단을 두 번 접어 상침한다
5 리본을 만들어 스커트에 단다

재단 배치도

* 지정 이외의 시접은 1cm.
   ▨ 는 안쪽면에 소잉테이프 심지를 붙인다

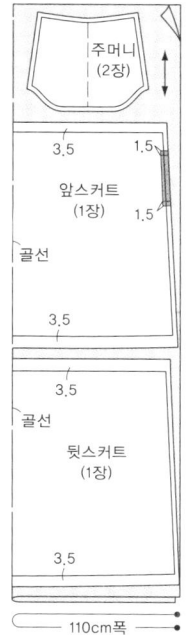

만드는 순서

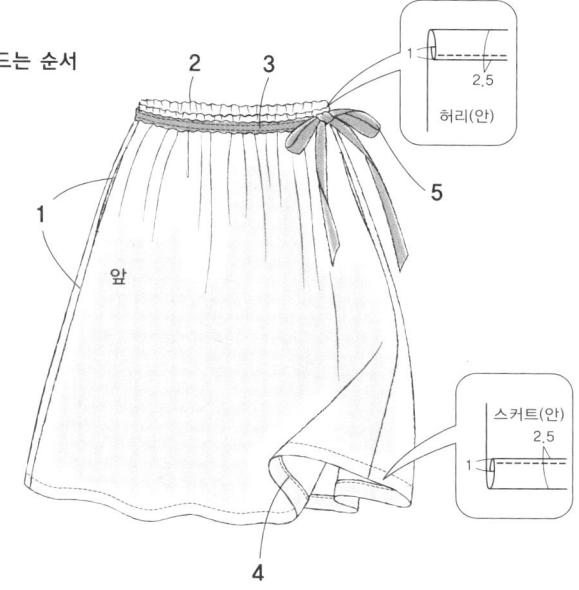

1 스커트의 옆선을 봉합하고, 주머니를 만든다

①앞·뒤스커트를 겉끼리
맞대어 옆선을 봉합한다
②시접을 가름솔한다
앞스커트(안)
뒷스커트(안)
주머니(안)
③주머니를 만든다 (→p.81참고)
※⑩의 임시고정 봉합은 제외한다

2 허리의 시접을 접고, 상침한다

허리를 두 번 접어 상침한다
0.2
뒷스커트(안)
주머니(안)

3 허리에 면테이프를 봉합하고, 고무줄을 끼워 넣는다

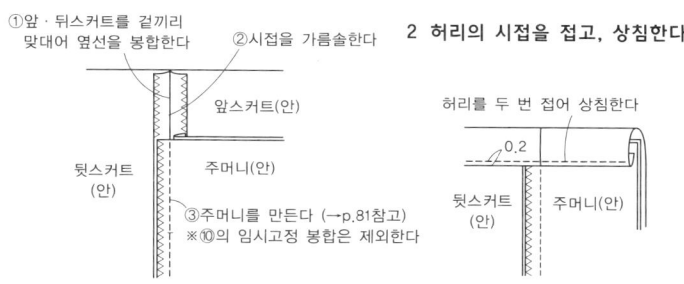

①허리의 겉쪽에
면테이프(안)을 맞닿게 놓고
시침핀으로 임시고정한다
면테이프 끝은
완성선에 맞춰
접어 다린다
앞스커트(겉)
왼쪽 옆선
뒷스커트(겉)

②상침한다
앞스커트(겉)
③고무줄을 면테이프 사이를
통과시켜 끼워 넣는다
※앏은 고무줄을 끼워 넣기 전
준비 방법은 p.91참고

고무줄 양 끝을 1.5cm겹쳐
고정봉합한다

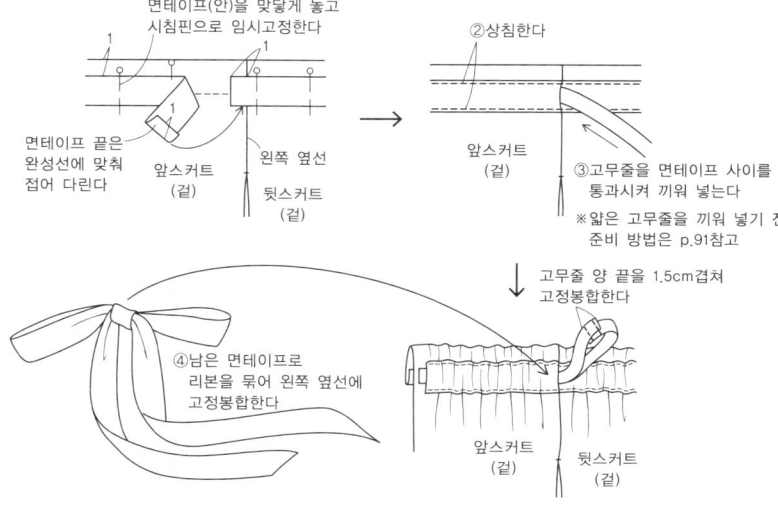

④남은 면테이프로
리본을 묶어 왼쪽 옆선에
고정봉합한다

앞스커트(겉)
뒷스커트(겉)

B-3 턱 스커트 ▶ p.24

패턴 (실물크기 패턴 A, B면)
앞스커트, 뒷스커트, 고무줄 통로천,
주머니(A면)

완성 사이즈 (7호 / 9호 / 11호 / 13호)
허리둘레 약 62.5cm / 65.5cm / 68.5cm / 71.5cm
허리둘레(최대) 93cm / 96cm / 99cm / 102cm
스커트 길이 71.5cm

재료
겉감 (코튼 트윌) 112cm폭×210cm
소잉테이프 심지(앞스커트 주머니 입구용) 1.2cm폭×40cm
고무줄 2.5cm폭×7호 28.5cm / 9호 30cm /
　　　　　　　 11호 31.5cm / 13호 33cm

만드는 방법
1 허리둘레의 시접을 접고, 턱을 접는다 (→p.75)
2 스커트의 옆선을 봉합하고, 주머니를 만든다 (→p.67, 75)
3 스커트 허리둘레에 고무줄 통로천을 맞춰 상침한다 (→p.75)
4 뒤허리둘레에 고무줄을 끼워 넣는다 (→p.75)
5 스커트의 밑단을 두 번 접어 상침한다

패턴 베끼는 방법

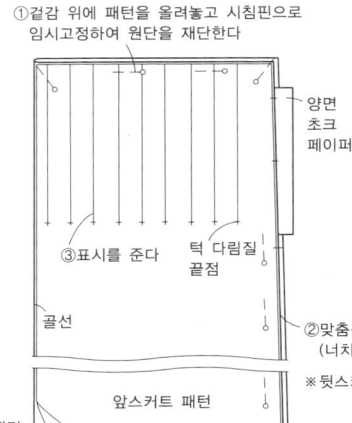

①겉감 위에 패턴을 올려놓고 시침핀으로
　임시고정하여 원단을 재단한다
양면
초크
페이퍼
③표시를 준다
턱 다림질
끝점
골선
②맞춤점에 가윗집
　(너치)을 준다
앞스커트 패턴
패턴
겉감(겉)

실물크기 패턴에서 베낀 시접포함 패턴을 원단 위에 배치하고 시침핀으로 임시고정합니다. 재단할 때는 원단을 들어올리지 않도록 주의하고, 패턴의 끝을 따라 재단합니다. 봉합하는데 필요한 맞춤점은 원단 끝에 가윗집(양재용어로는 너치)을 주어 표시합니다. 턱 부분은 원단과 원단 사이에 양면 초크 페이퍼를 끼우고 룰렛으로 표시합니다. (맞춤점의 가윗집은 0.3~0.5cm 깊이)

※뒷스커트도 같은 방법으로 표시합니다

봉합 준비

②지그재그봉제
또는 오버록 처리
1.5
주머니
입구
1.5
턱
①소잉테이프
심지를
붙인다
앞스커트(안)
2.5접음
1접음
③밑단을
두 번 접음

· 앞스커트 주머니 입구의 시접
　안쪽면에 소잉테이프 심지를 붙인다
· 스커트의 허리, 옆선, 주머니 입구
　시접, 고무줄 통로천의 위 · 아래를
　원단의 겉쪽에서 지그재그봉제 또는
　오버록 처리한다
· 밑단을 두 번 접어 다린다

주머니(안)
고무줄
통로천(겉)
지그재그봉제
또는 오버록 처리
지그재그봉제
또는 오버록 처리

재단 배치도
* 지정 이외의 시접은 1cm.
▨ 는 안쪽면에 소잉테이프 심지를 붙인다

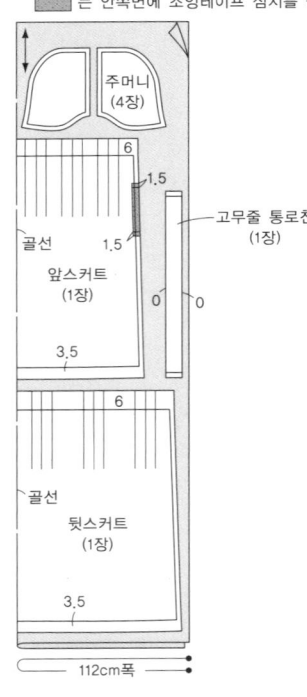

주머니
(4장)
6
1.5
고무줄 통로천
(1장)
골선
1.5
0
0
앞스커트
(1장)
3.5
골선
뒷스커트
(1장)
3.5

112cm폭

만드는 순서

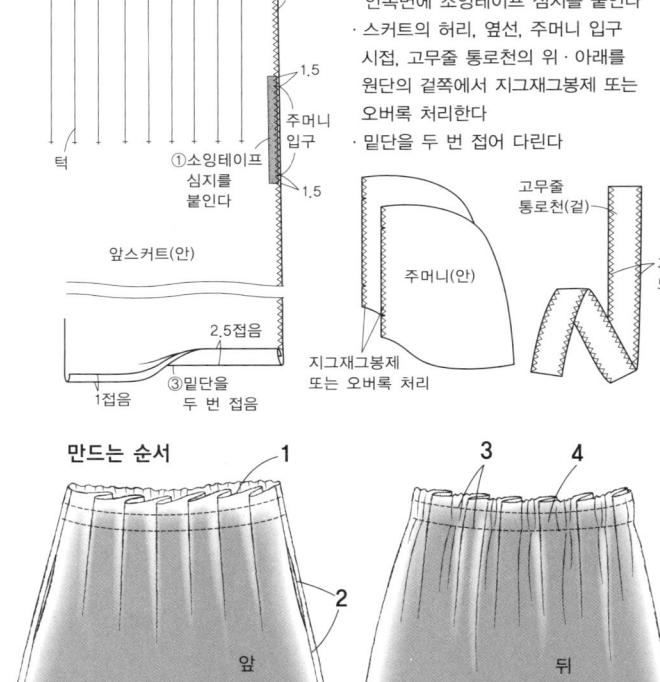

1
2
앞
3
4
뒤
5
스커트(안)
2.5
1

1 허리둘레의 시접을 접고, 턱을 접는다

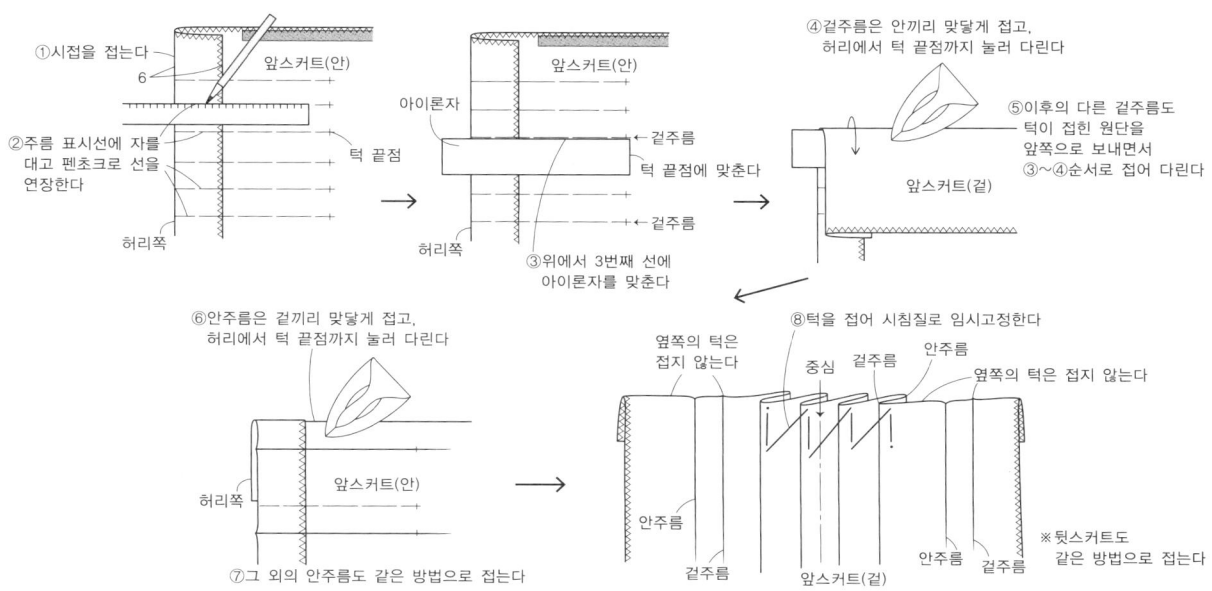

①시접을 접는다
6
②주름 표시선에 자를 대고 펜초크로 선을 연장한다
앞스커트(안)
턱 끝점
허리쪽

아이론자
겉주름
③위에서 3번째 선에 아이론자를 맞춘다
턱 끝점에 맞춘다
겉주름
허리쪽
앞스커트(안)

④겉주름은 안끼리 맞닿게 접고, 허리에서 턱 끝점까지 눌러 다린다
⑤이후의 다른 겉주름도 턱이 접힌 원단을 앞쪽으로 보내면서 ③~④순서로 접어 다린다
앞스커트(겉)

⑥안주름은 겉끼리 맞닿게 접고, 허리에서 턱 끝점까지 눌러 다린다
허리쪽
앞스커트(안)
⑦그 외의 안주름도 같은 방법으로 접는다

⑧턱을 접어 시침질로 임시고정한다
옆쪽의 턱은 접지 않는다
중심
겉주름
안주름
옆쪽의 턱은 접지 않는다
안주름
겉주름
안주름
겉주름
앞스커트(겉)
※뒷스커트도 같은 방법으로 접는다

2 스커트의 옆선을 봉합하고, 주머니를 만든다

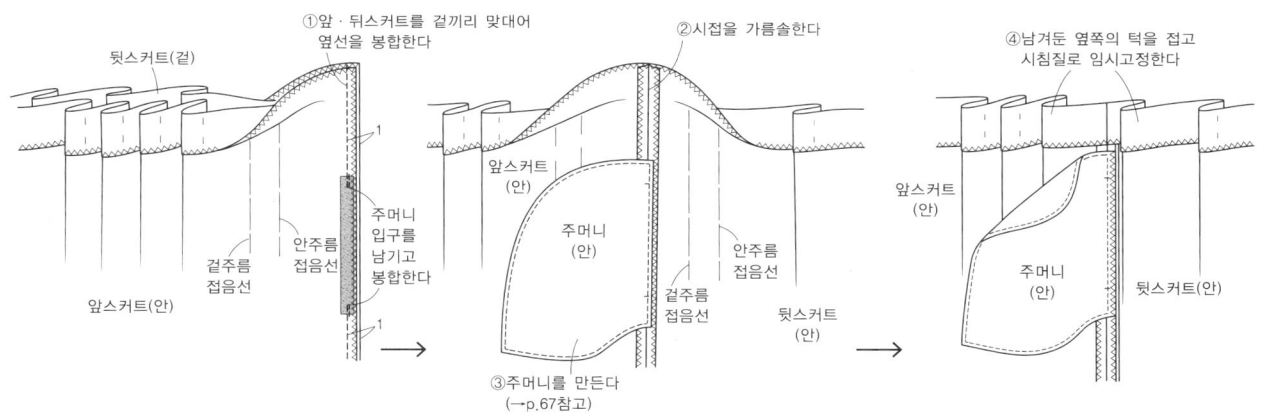

뒷스커트(겉)
①앞·뒤스커트를 겉끼리 맞대어 옆선을 봉합한다
1
주머니 입구를 남기고 봉합한다
1
겉주름 접음선
안주름 접음선
앞스커트(안)

②시접을 가름솔한다
앞스커트(안)
주머니(안)
겉주름 접음선
안주름 접음선
뒷스커트(안)
③주머니를 만든다 (→p.67참고)

④남겨둔 옆쪽의 턱을 접고 시침질로 임시고정한다
앞스커트(안)
주머니(안)
뒷스커트(안)

3 스커트 허리둘레에 고무줄 통로천을 맞춰 상침한다
4 뒤허리둘레에 고무줄을 끼워 넣는다

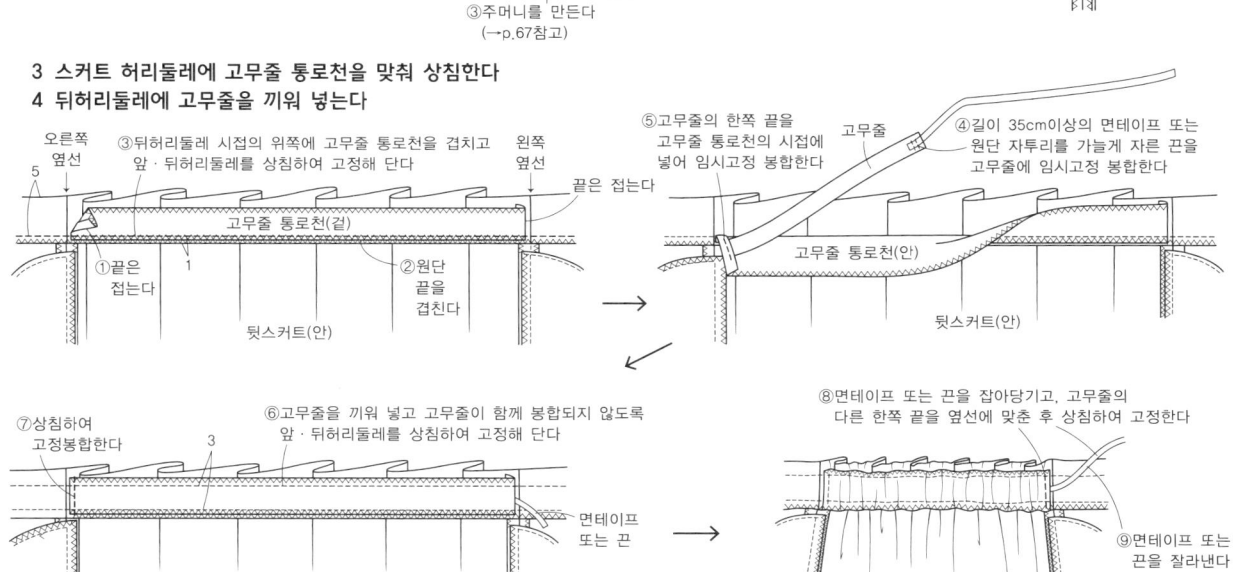

오른쪽 옆선
5
①끝은 접는다
1
②원단 끝을 겹친다
③뒤허리둘레 시접의 위쪽에 고무줄 통로천을 겹치고 앞·뒤허리둘레를 상침하여 고정해 단다
고무줄 통로천(겉)
끝은 접는다
왼쪽 옆선
뒷스커트(안)

④길이 35cm이상의 면테이프 또는 원단 자투리를 가늘게 자른 끈을 고무줄에 임시고정 봉합한다
고무줄
⑤고무줄의 한쪽 끝을 고무줄 통로천의 시접에 넣어 임시고정 봉합한다
고무줄 통로천(안)
뒷스커트(안)

⑦상침하여 고정봉합한다
3
⑥고무줄을 끼워 넣고 고무줄이 함께 봉합되지 않도록 앞·뒤허리둘레를 상침하여 고정해 단다
면테이프 또는 끈
뒷스커트(안)

⑧면테이프 또는 끈을 잡아당기고, 고무줄의 다른 한쪽 끝을 옆선에 맞춘 후 상침하여 고정한다
⑨면테이프 또는 끈을 잘라낸다
뒷스커트(안)

C-1 철릭 블라우스 ▶ p.32

패턴 (실물크기 패턴 C면)
앞몸판, 뒷몸판, 소매, 앞러플감, 뒤러플감,
앞안단, 뒤안단

완성 사이즈 (7호 / 9호 / 11호 / 13호)
가슴둘레 88cm / 91cm / 94cm / 97cm
허리둘레 77cm / 80cm / 83cm / 86cm
옷 길이 57.5cm
소매 길이 58cm

재료
겉감A(코튼 프린트) 108cm폭×150cm
겉감B(코튼 프린트) 108cm폭×110cm
접착심(안단용) 90cm폭×50cm
소잉테이프 심지(앞·뒤몸판 목둘레용) 1.2cm폭×120cm
면끈 0.2cm폭×180cm

만드는 방법
1 몸판의 다트를 봉합한다 (→p.77)
2 몸판의 어깨를 겉끼리 맞대어 봉합하고, 시접을 가름솔한다
3 안단의 어깨를 봉합한다 (→p.77)
4 몸판에 안단을 맞추고, 목둘레를 봉합한다 (→p.77)
5 몸판에 소매를 단다 (→p.59)
6 소매 아래와 몸판의 옆선을 한 번에 이어서 봉합한다 (→p.78)
7 소맷부리를 두 번 접어 상침한다
8 앞·뒤러플감의 옆선을 겉끼리 맞대어 봉합하고,
  시접을 가름솔한다
9 앞러플감의 앞끝을 두 번 접어 상침한다
10 러플감의 밑단을 두 번 접어 상침한다
11 러플감에 주름을 잡고, 몸판에 맞춰 봉합한다 (→p.78)

재단 배치도

* 지정 이외의 시접은 1cm.
▨ 는 안쪽면에 소잉테이프 심지를 붙인다

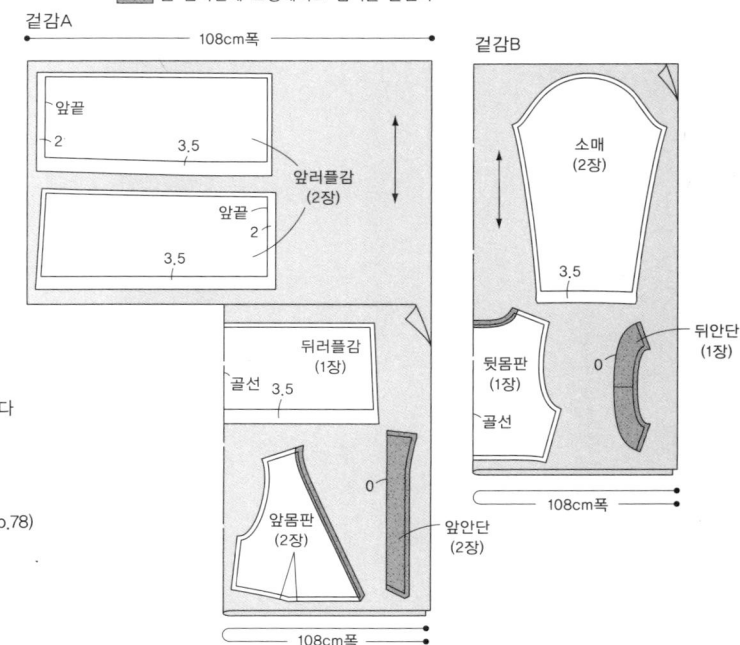

겉감A
108cm폭

앞끝
2 3.5

앞끝
2
3.5

앞러플감
(2장)

뒤러플감
(1장)
골선 3.5

앞몸판
(2장)

앞안단
(2장)

108cm폭

겉감B

소매
(2장)
3.5

뒷몸판
(1장)
골선

뒤안단
(1장)
0

108cm폭

봉합 준비

· 앞·뒤안단의 안쪽면에 접착심을 붙인다
· 앞·뒤몸판 목둘레의 시접 안쪽면에
  소잉테이프 심지를 붙인다
· 몸판의 어깨, 옆선, 소매 아래, 러플감 옆선,
  앞안단 옆선, 뒤안단 밑단을 원단의 겉쪽에서
  지그재그봉제 또는 오버록 처리한다
· 앞러플감의 앞끝, 러플감 밑단, 소맷부리를
  두 번 접어 다린다

①접착심을 붙인다
②지그재그봉제 또는 오버록 처리한다
①소잉테이프 심지를 붙인다

앞안단(안)
①소잉테이프 심지를 붙인다
②지그재그봉제 또는 오버록 처리

앞몸판(안)
②지그재그봉제 또는 오버록 처리

뒷몸판(안)
지그재그봉제 또는 오버록 처리

①소잉테이프 심지를 붙인다

소매(안)
①지그재그봉제 또는 오버록 처리
2.5접음
②소맷부리를 두 번 접음
1접음

1접음
앞러플감(안)
①접음
2.5접음
②앞끝을 두 번 접음
③밑단을 두 번 접음
①지그재그봉제 또는 오버록 처리
1접음

뒤러플감(안)
2.5접음
②밑단을 두 번 접음
1접음

①접착심을 붙인다
뒤안단(안)
②지그재그봉제 또는 오버록 처리

만드는 순서

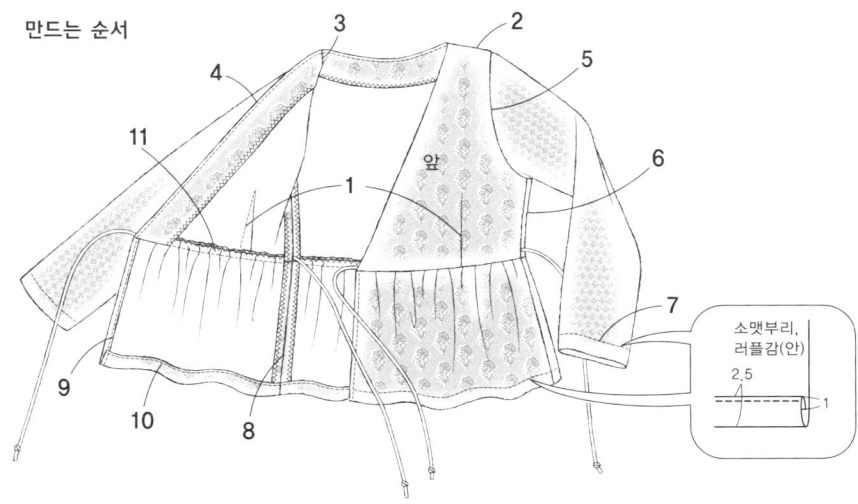

소맷부리, 러플감(안)
2.5
1

1 몸판의 다트를 봉합한다

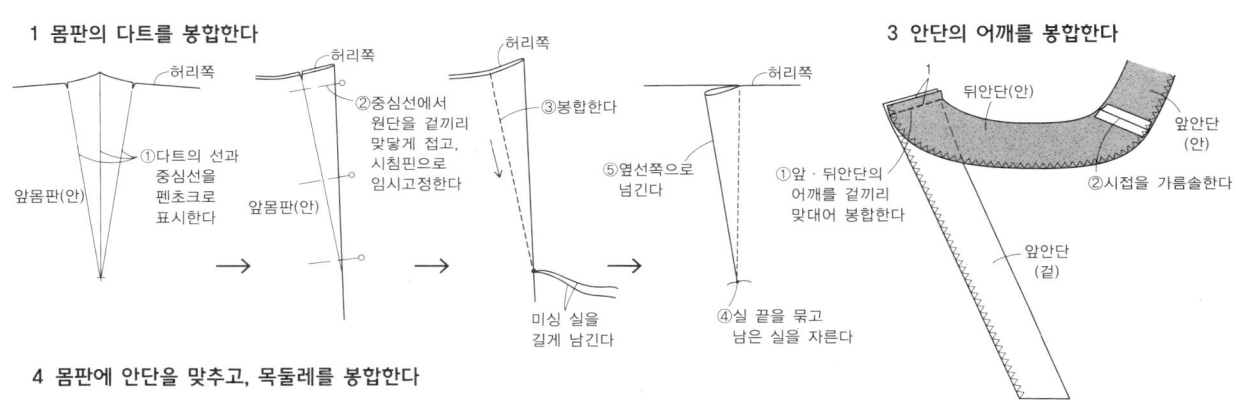

허리쪽
①다트의 선과 중심선을 펜초크로 표시한다
앞몸판(안)

허리쪽
②중심선에서 원단을 겉끼리 맞닿게 접고, 시침핀으로 임시고정한다
앞몸판(안)

허리쪽
③봉합한다
미싱 실을 길게 남긴다

허리쪽
⑤옆선쪽으로 넘긴다
④실 끝을 묶고 남은 실을 자른다

3 안단의 어깨를 봉합한다

1
뒤안단(안)
앞안단(안)
①앞·뒤안단의 어깨를 겉끼리 맞대어 봉합한다
②시접을 가름솔한다
앞안단(겉)

4 몸판에 안단을 맞추고, 목둘레를 봉합한다

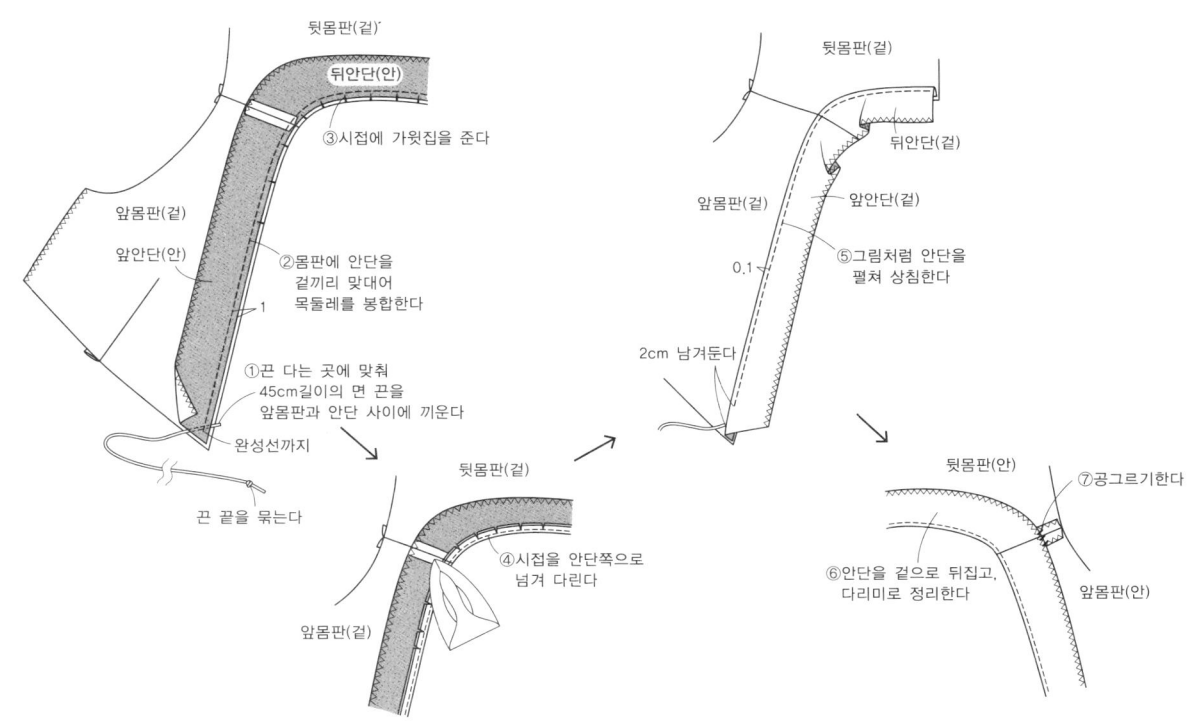

뒷몸판(겉)
뒤안단(안)
③시접에 가윗집을 준다
앞몸판(겉)
앞안단(안)
②몸판에 안단을 겉끼리 맞대어 목둘레를 봉합한다
1
①끈 다는 곳에 맞춰 45cm길이의 면 끈을 앞몸판과 안단 사이에 끼운다
완성선까지
끈 끝을 묶는다

뒷몸판(겉)
④시접을 안쪽으로 넘겨 다린다
앞몸판(겉)

뒷몸판(겉)
뒤안단(겉)
앞몸판(겉)
앞안단(겉)
0.1
⑤그림처럼 안단을 펼쳐 상침한다
2cm 남겨둔다

뒷몸판(안)
⑦공그르기한다
⑥안단을 겉으로 뒤집고, 다리미로 정리한다
앞몸판(안)

6 소매 아래와 몸판의 옆선을 한 번에 이어서 봉합한다

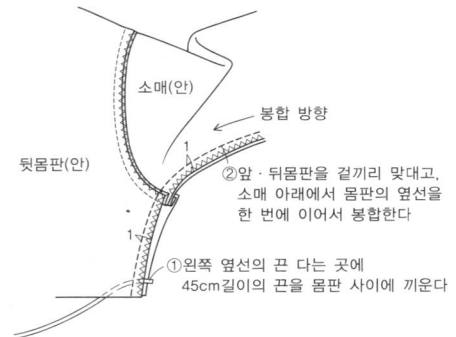

소매(안)

봉합 방향

뒷몸판(안)

②앞·뒷몸판을 겉끼리 맞대고, 소매 아래에서 몸판의 옆선을 한 번에 이어서 봉합한다

①왼쪽 옆선의 끈 다는 곳에 45cm길이의 끈을 몸판 사이에 끼운다

❗ POINT
원단 재단방법과 표시주기

이 책의 패턴은 시접이 포함된 패턴이기 때문에 굵은선을 따라 그리면 시접(치수는 각 재단 배치도를 참고)이 포함되어 있습니다. 원단 위에 패턴을 놓은 후, 패턴의 종이 끝을 따라 원단을 재단합니다.

따라서, 별도의 완성선을 그리지 않고 재단선 기준으로 지정된 치수를 봉합하는(예를 들어 시접량이 1cm라면, 재단선에서 1cm 안쪽으로 봉합한다) 방법을 사용합니다. 그렇기 때문에 봉합 시 필요한 맞춤점은 시접에 가윗집(양재용어로 너치)을 주어 표시하고, 골선으로 되어있는 중심은 시접의 모서리를 비스듬하게 잘라 맞춤점을 표시해줍니다. 맞춤점 표시가 끝난 후, 패턴을 떼어 냅니다.

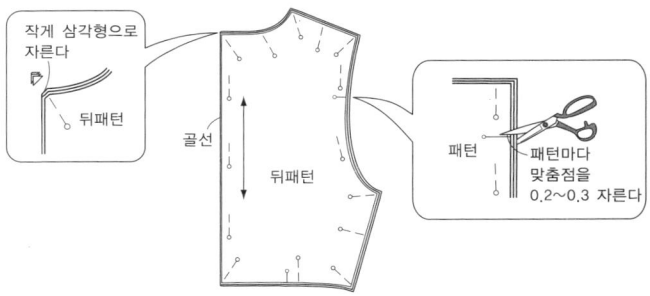

작게 삼각형으로 자른다

뒤패턴

골선

뒤패턴

패턴

패턴마다 맞춤점을 0.2~0.3 자른다

---

11 러플감에 주름을 잡고, 몸판에 맞춰 봉합한다

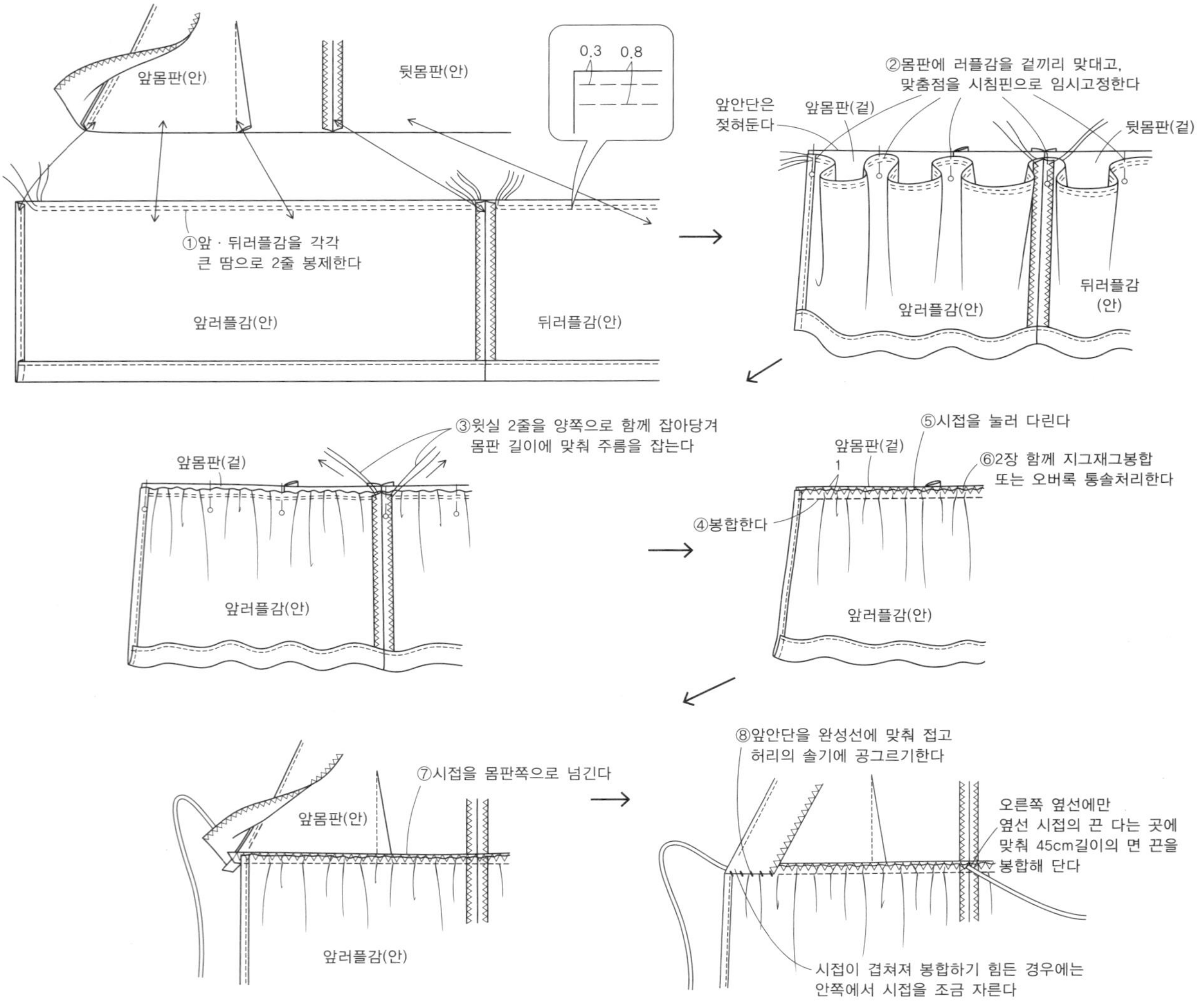

앞몸판(안)

뒷몸판(안)

0.3 0.8

①앞·뒤러플감을 각각 큰 땀으로 2줄 봉제한다

앞러플감(안)

뒤러플감(안)

②몸판에 러플감을 겉끼리 맞대고, 맞춤점을 시침핀으로 임시고정한다

앞안단은 젖혀둔다

앞몸판(겉)

뒷몸판(겉)

앞러플감(안)

뒤러플감(안)

앞몸판(겉)

③윗실 2줄을 양쪽으로 함께 잡아당겨 몸판 길이에 맞춰 주름을 잡는다

④봉합한다

앞러플감(안)

앞몸판(겉)

1

⑤시접을 눌러 다린다

⑥2장 함께 지그재그봉합 또는 오버록 통솔처리한다

앞러플감(안)

앞몸판(안)

⑦시접을 몸판쪽으로 넘긴다

앞러플감(안)

⑧앞안단을 완성선에 맞춰 접고 허리의 솔기에 공그르기한다

오른쪽 옆선에만 옆선 시접의 끈 다는 곳에 맞춰 45cm길이의 면 끈을 봉합해 단다

시접이 겹쳐져 봉합하기 힘든 경우에는 안쪽에서 시접을 조금 자른다

C-2 철릭 원피스 ▶ p.34

패턴 (실물크기 패턴 C면)
앞몸판, 뒷몸판, 소매, 앞스커트, 뒷스커트
앞안단, 뒤안단, 주머니

완성 사이즈 (7호 / 9호 / 11호 / 13호)
가슴둘레 88cm / 91cm / 94cm / 97cm
허리둘레 77cm / 80cm / 83cm / 86cm
옷 길이 109.5cm
소매 길이 58cm

재료
겉감(리넨) 100cm폭×440cm
접착심(안단용) 90cm폭×50cm
소잉테이프 심지(앞·뒤몸판 목둘레용, 앞스커트 주머니 입구용)
　　　　　　 1.2cm폭×160cm
면끈 0.2cm폭×180cm

봉합 준비 (→p.76)
· 앞·뒤안단의 안쪽면에 접착심을 붙인다
· 앞·뒤몸판 목둘레, 스커트의 앞주머니 입구의 시접 안쪽면에
　소잉테이프 심지를 붙인다
· 어깨, 옆선, 소매 아래, 스커트 옆선, 주머니 입구 시접,
　앞안단 옆선, 뒤안단 밑단을 원단의 겉쪽에서
　지그재그봉제 또는 오버록 처리한다
· 앞스커트의 앞끝, 스커트 밑단, 소맷부리를 두 번 접어 다린다

만드는 방법
1 몸판의 다트를 봉합한다 (→p.77)
2 앞·뒤몸판의 어깨를 겉끼리 맞대어 봉합하고, 시접을 가름솔한다
3 안단의 어깨를 봉합한다 (→p.77)
4 몸판에 안단을 맞추고, 목둘레를 봉합한다 (→p.77)
5 몸판에 소매를 단다 (→p.59)
6 소매 아래와 몸판의 옆선을 한 번에 이어서 봉합한다 (→p.78)
7 소맷부리를 두 번 접어 상침한다
8 주머니를 만들고, 스커트의 옆선을 봉합한다 (→p.81)
9 앞스커트의 앞끝을 두 번 접어 상침한다
10 스커트의 밑단을 두 번 접어 상침한다
11 스커트에 주름을 잡고, 몸판에 맞춰 봉합한다 (→p.78)
　　주머니도 스커트와 함께 주름을 잡는다

재단 배치도

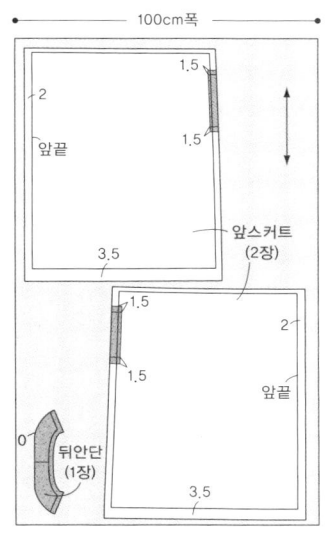
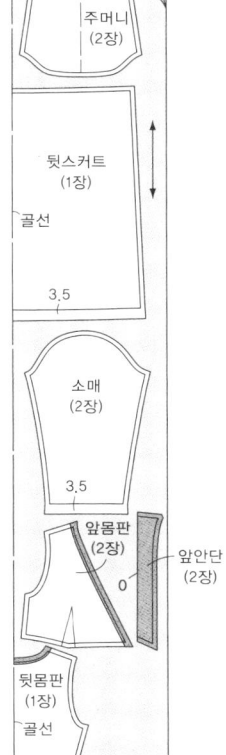

＊ 지정 이외의 시접은 1cm.
　　 는 안쪽면에 접착심, 소잉테이프 심지를 붙인다

만드는 순서

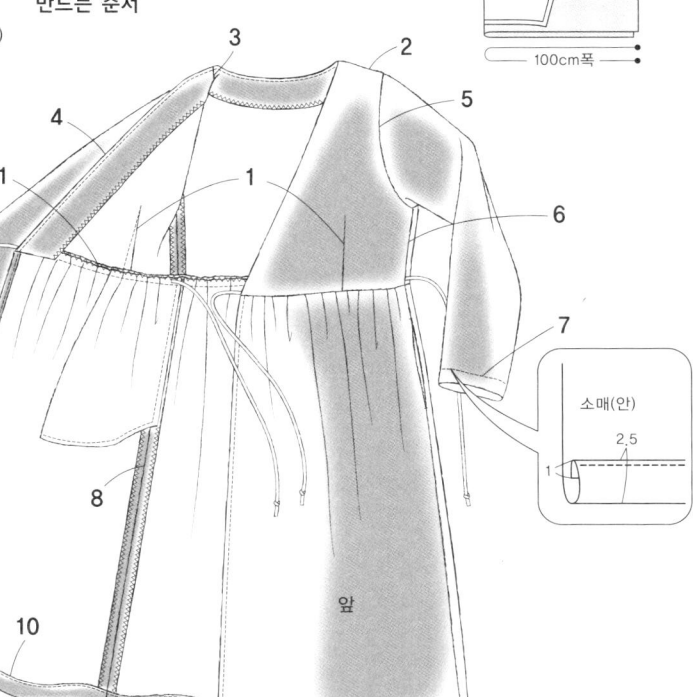

79

D-1 7부 턱 스커트 ▶ p.36

패턴 (실물크기 패턴 B면)
앞스커트, 뒷스커트, 앞허리밴드,
뒤허리밴드, 주머니

완성 사이즈 (7호 / 9호 / 11호 / 13호)
허리둘레 약 65cm / 68cm / 71cm / 74cm
허리둘레(최대) 92cm / 95cm / 98cm / 101cm
엉덩이둘레 106cm / 109cm / 112cm / 115cm
스커트 길이 72cm

재료
겉감(코튼 스트레치) 124cm폭×160cm
접착심(앞허리밴드, 뒷스커트 트임 끝점용) 90cm폭×50cm
소잉테이프 심지(앞스커트 주머니 입구용) 1.2cm폭×40cm
고무줄 3cm폭×7호 22.5cm / 9호 24cm / 11호 25.5cm / 13호 27cm

만드는 방법
1 스커트에 턱을 접는다 (→p.81)
2 주머니를 만들고, 스커트의 옆선을 봉합한다 (→p.81)
3 스커트의 뒷중심을 봉합하고, 트임을 봉합한다 (→p.81)
4 스커트의 밑단을 두 번 접어 상침한다
5 허리밴드의 옆선을 봉합한다 (→p.82)
6 스커트와 허리밴드를 봉합하고, 고무줄을 끼워 넣는다 (→p.82)

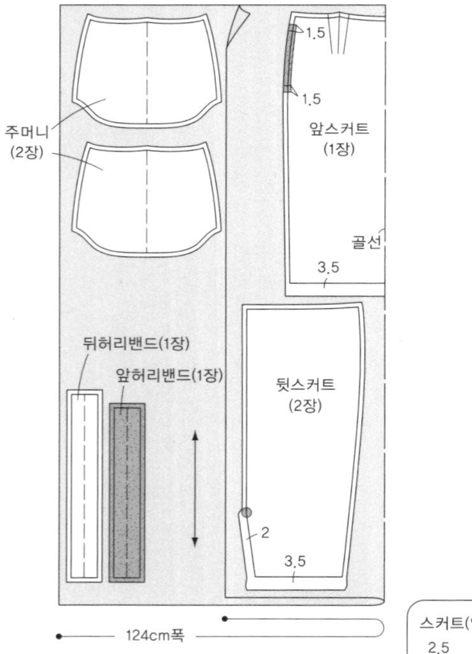

봉합 준비
· 앞허리밴드, 뒷중심 트임 끝점의 안쪽면에 접착심을 붙인다
· 앞스커트 주머니 입구 시접에 소잉테이프 심지를 붙인다
· 스커트의 뒷중심, 옆선, 주머니 입구 시접에 원단의 겉쪽에서
  지그재그봉제 또는 오버록 처리한다
· 스커트의 밑단을 두 번 접어 다린다

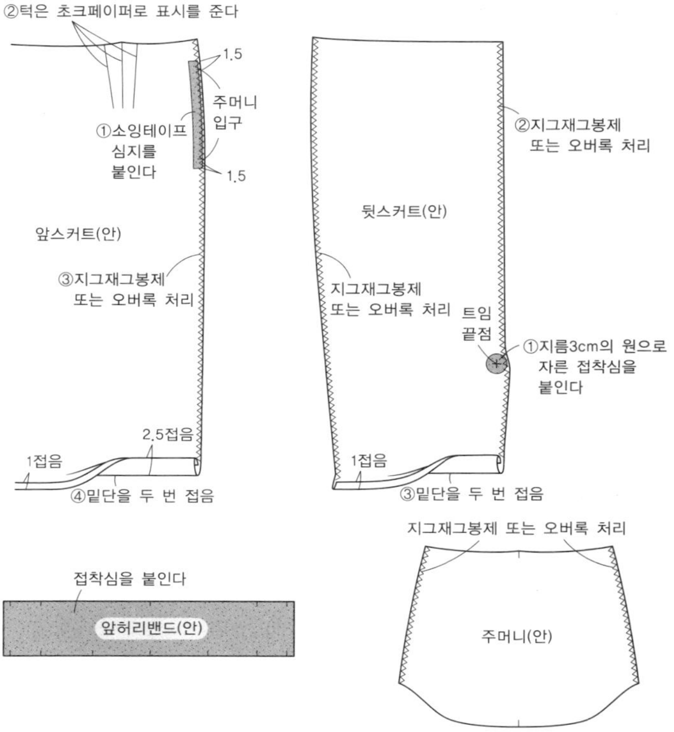

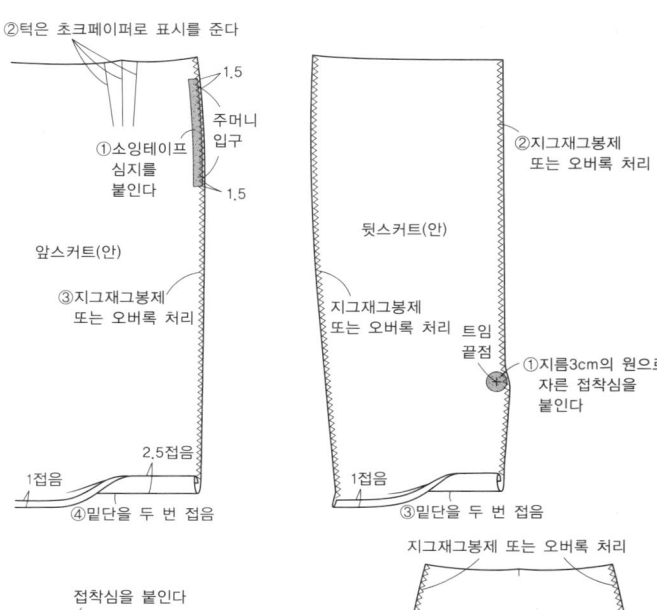

②턱은 초크페이퍼로 표시를 준다

1.5
①소잉테이프 심지를 붙인다
1.5
앞스커트(안)
③지그재그봉제 또는 오버록 처리

주머니 입구

뒷스커트(안)
②지그재그봉제 또는 오버록 처리
지그재그봉제 또는 오버록 처리
트임 끝점
①지름3cm의 원으로 자른 접착심을 붙인다

2.5접음
1접음
④밑단을 두 번 접음

1접음
③밑단을 두 번 접음

접착심을 붙인다
앞허리밴드(안)

지그재그봉제 또는 오버록 처리
주머니(안)

재단 배치도

＊ 지정 이외의 시접은 1cm.
▨ 는 안쪽면에 접착심, 소잉테이프 심지를 붙인다

주머니 (2장)

1.5
1.5
앞스커트 (1장)

골선
3.5

뒤허리밴드(1장)
앞허리밴드(1장)

뒷스커트 (2장)

2
3.5

124cm폭

스커트(안)
2.5
1

만드는 순서

1
앞
2

5   6   5
뒤
3

4

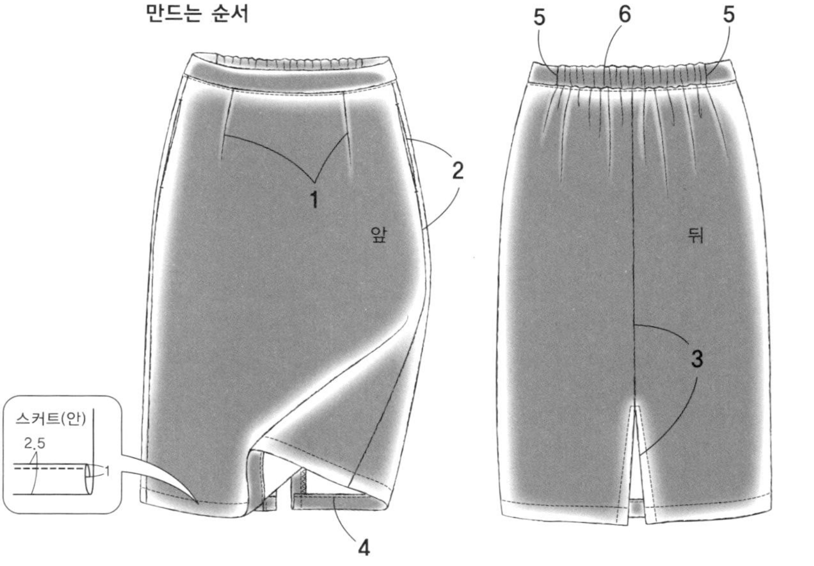

1 스커트에 턱을 접는다

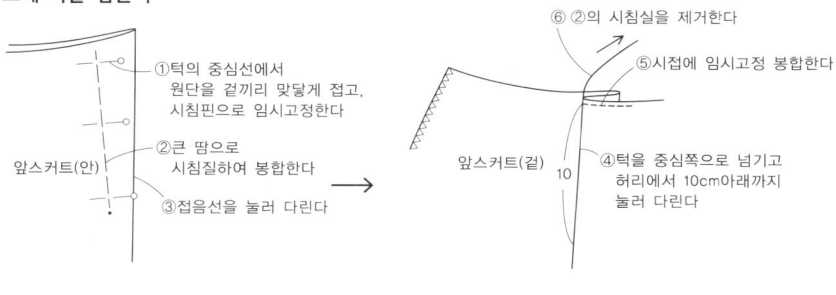

①턱의 중심선에서
원단을 겉끼리 맞닿게 접고,
시침핀으로 임시고정한다

앞스커트(안)

②큰 땀으로
시침질하여 봉합한다

③접음선을 눌러 다린다

⑥ ②의 시침실을 제거한다

⑤시접에 임시고정 봉합한다

앞스커트(겉)

10

④턱을 중심쪽으로 넘기고
허리에서 10cm아래까지
눌러 다린다

2 주머니를 만들고, 스커트의 옆선을 봉합한다

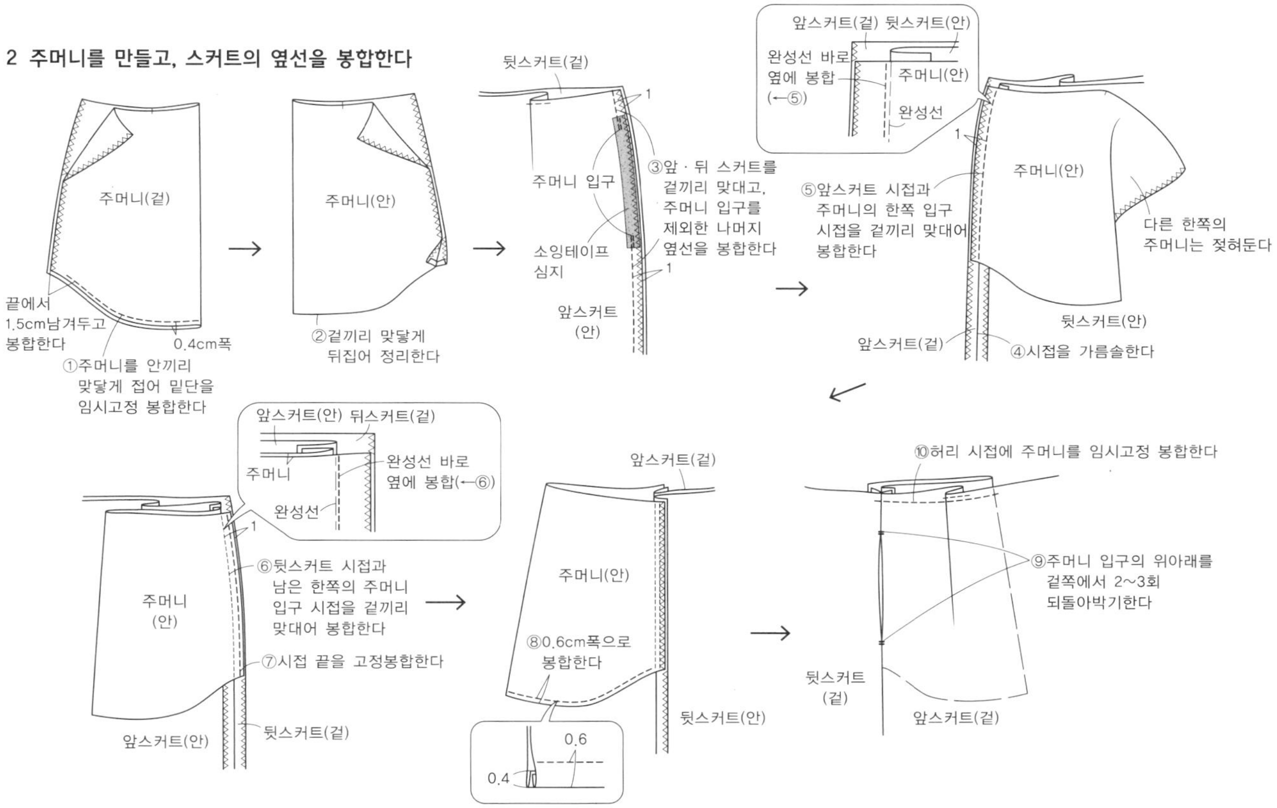

주머니(겉)

끝에서
1.5cm남겨두고
봉합한다

0.4cm폭

①주머니를 안끼리
맞닿게 접어 밑단을
임시고정 봉합한다

주머니(안)

②겉끼리 맞닿게
뒤집어 정리한다

뒷스커트(겉)

1

주머니 입구

소잉테이프
심지

1

③앞·뒤 스커트를
겉끼리 맞대고,
주머니 입구를
제외한 나머지
옆선을 봉합한다

앞스커트
(안)

앞스커트(겉) 뒷스커트(안)

완성선 바로
옆에 봉합
(←⑤)

주머니(안)

완성선

1

주머니(안)

⑤앞스커트 시접과
주머니의 한쪽 입구
시접을 겉끼리 맞대어
봉합한다

다른 한쪽의
주머니는 젖혀둔다

앞스커트(겉)

뒷스커트(안)

④시접을 가름솔한다

앞스커트(안) 뒤스커트(겉)

주머니

완성선

완성선 바로
옆에 봉합(←⑥)

주머니
(안)

1

⑥뒷스커트 시접과
남은 한쪽의 주머니
입구 시접을 겉끼리
맞대어 봉합한다

⑦시접 끝을 고정봉합한다

앞스커트(안)

뒷스커트(겉)

앞스커트(겉)

주머니(안)

⑧0.6cm폭으로
봉합한다

뒷스커트(안)

0.6

0.4

⑩허리 시접에 주머니를 임시고정 봉합한다

⑨주머니 입구의 위아래를
겉쪽에서 2~3회
되돌아박기한다

뒷스커트
(겉)

앞스커트(겉)

3 스커트의 뒷중심을 봉합하고, 트임을 봉합한다

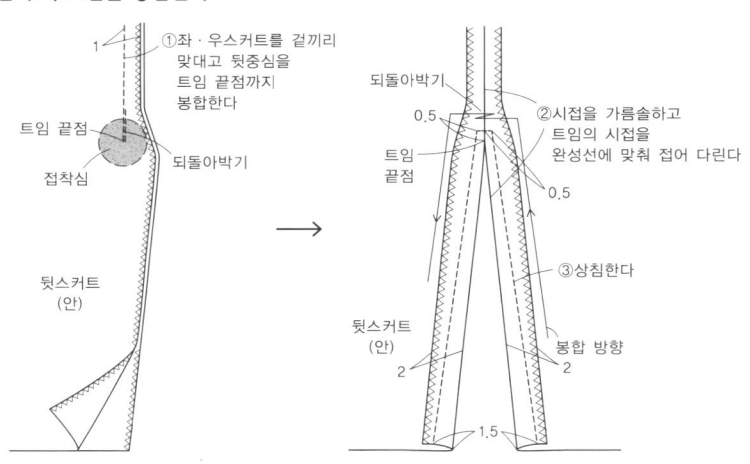

1

①좌·우스커트를 겉끼리
맞대고 뒷중심을
트임 끝점까지
봉합한다

트임 끝점

접착심

되돌아박기

뒷스커트
(안)

되돌아박기

0.5

트임
끝점

0.5

②시접을 가름솔하고
트임의 시접을
완성선에 맞춰 접어 다린다

③상침한다

뒷스커트
(안)

2

봉합 방향

2

1.5

5 허리밴드의 옆선을 봉합한다

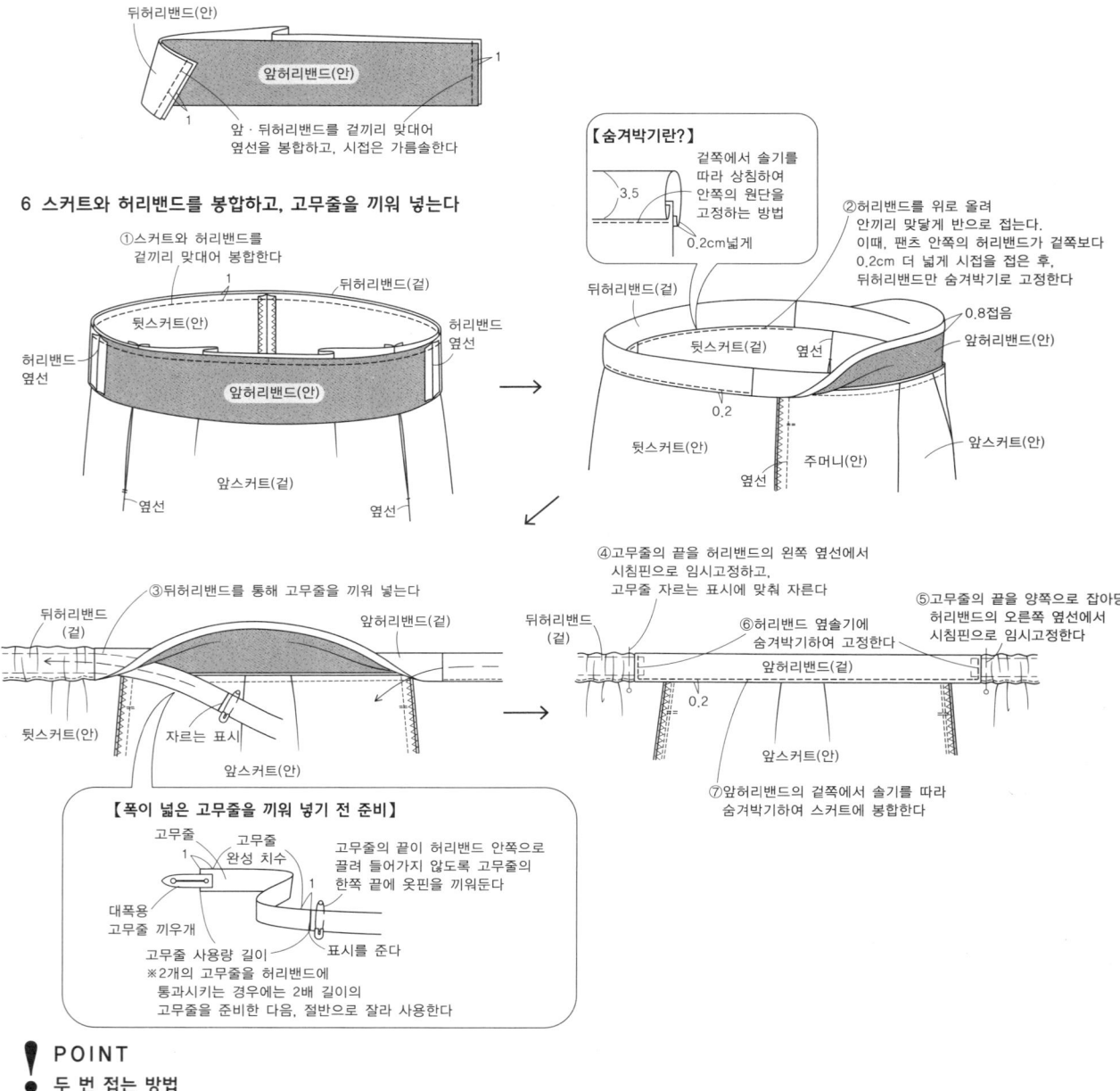

뒤허리밴드(안)

앞허리밴드(안)

앞·뒤허리밴드를 걸끼리 맞대어
옆선을 봉합하고, 시접은 가름솔한다

6 스커트와 허리밴드를 봉합하고, 고무줄을 끼워 넣는다

①스커트와 허리밴드를
걸끼리 맞대어 봉합한다

뒤스커트(안)

허리밴드
옆선

허리밴드
옆선

앞허리밴드(안)

뒤허리밴드(겉)

허리밴드
옆선

옆선

앞스커트(겉)

옆선

【숨겨박기란?】

겉쪽에서 솔기를
따라 상침하여
안쪽의 원단을
고정하는 방법

3.5

0.2cm넓게

②허리밴드를 위로 올려
안끼리 맞닿게 반으로 접는다.
이때, 팬츠 안쪽의 허리밴드가 겉쪽보다
0.2cm 더 넓게 시접을 접은 후,
뒤허리밴드만 숨겨박기로 고정한다

뒤허리밴드(겉)

0.8접음

뒷스커트(겉)

옆선

앞허리밴드(안)

0.2

뒷스커트(안)

옆선

주머니(안)

앞스커트(안)

③뒤허리밴드를 통해 고무줄을 끼워 넣는다

뒤허리밴드
(겉)

앞허리밴드(겉)

뒷스커트(안)

자르는 표시

앞스커트(안)

④고무줄의 끝을 허리밴드의 왼쪽 옆선에서
시침핀으로 임시고정하고,
고무줄 자르는 표시에 맞춰 자른다

뒤허리밴드
(겉)

⑥허리밴드 옆솔기에
숨겨박기하여 고정한다

앞허리밴드(겉)

0.2

⑤고무줄의 끝을 양쪽으로 잡아당겨
허리밴드의 오른쪽 옆선에서
시침핀으로 임시고정한다

앞스커트(안)

⑦앞허리밴드의 겉쪽에서 솔기를 따라
숨겨박기하여 스커트에 봉합한다

【폭이 넓은 고무줄을 끼워 넣기 전 준비】

고무줄

1

고무줄
완성 치수

대폭용
고무줄 끼우개

고무줄 사용량 길이
※2개의 고무줄을 허리밴드에
통과시키는 경우에는 2배 길이의
고무줄을 준비한 다음, 절반으로 잘라 사용한다

1

표시를 준다

고무줄의 끝이 허리밴드 안쪽으로
끌려 들어가지 않도록 고무줄의
한쪽 끝에 옷핀을 끼워둔다

! POINT
● 두 번 접는 방법

두 번 접기란? 시접을 두 번 접은 후 봉합하는 시접처리 방법 중 하나입니다.
이 책에서 많이 사용하고 있는 시접 3.5cm를 두 번 접어 2.5cm폭으로 만드는 방법을 설명하고 있습니다.
직선 뿐만 아니라 곡선으로 된 원단 끝도 이 방법을 사용하여 깔끔하게 완성해보세요.

(안)

2

①원단 끝에서 2cm위에
펜초크로 표시한다

②①의 표시선에 맞춰
원단 끝을 접어 다린다

5

③접음선 끝에서 5cm위에
펜초크로 표시를 준다

2.5

1

④③의 표시선에 맞춰
원단을 접어 다린다

D-2 서스펜더 스커트 ▶ p.38

패턴 (실물크기 패턴 B면)
앞스커트, 뒷스커트, 앞허리밴드
뒤허리밴드, 주머니
※서스펜더는 재단 배치도에 기재된 치수로 직접 제도하여 사용합니다

완성 사이즈 (7호 / 9호 / 11호 / 13호)
허리둘레 약 65cm / 68cm / 71cm / 74cm
허리둘레(최대) 92cm / 95cm / 98cm / 101cm
엉덩이둘레 106cm / 109cm / 112cm / 115cm
스커트 길이 67cm

재료
겉감(치노 크로스) 112cm폭×190cm
접착심(앞허리밴드, 뒷스커트 트임 끝점용) 90cm폭×50cm
소잉테이프 심지(앞스커트 주머니 입구용) 1.2cm폭×40cm
고무줄 3cm폭×7호 22.5cm / 9호 24cm / 11호 25.5cm / 13호 27cm

봉합 준비 (→p.80)
· 앞허리밴드, 뒷중심 트임 끝점의 안쪽면에 접착심을 붙인다
· 앞스커트 주머니 입구의 시접 안쪽면에 소잉테이프 심지를 붙인다
· 스커트의 뒷중심, 옆선, 주머니 입구 시접에 원단의 겉쪽에서
  지그재그봉제 또는 오버록 처리한다
· 밑단을 두 번 접어 다린다

만드는 방법
1 스커트에 턱을 접는다 (→p.81)
2 주머니를 만들고, 스커트의 옆선을 봉합한다 (→p.81)
3 스커트의 뒷중심을 봉합하고, 트임을 봉합한다 (→p.81)
4 스커트의 밑단을 두 번 접어 상침한다
5 허리밴드의 옆선을 봉합한다 (→p.82)
6 스커트와 허리밴드를 봉합하고, 고무줄을 끼워 넣는다 (→p.82)
7 스커트에 서스펜더를 만들어 단다 (→p.83)

재단 배치도

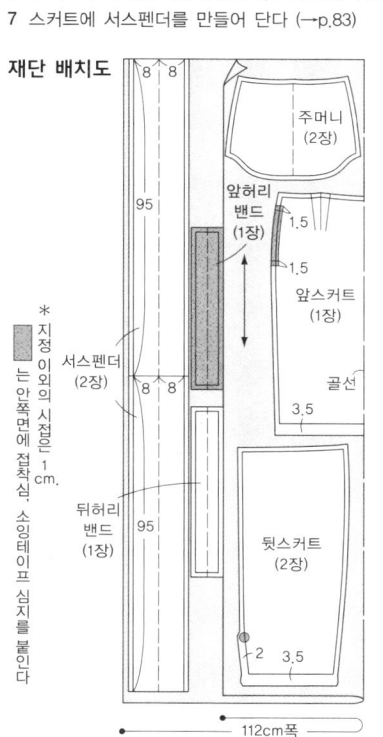

만드는 순서

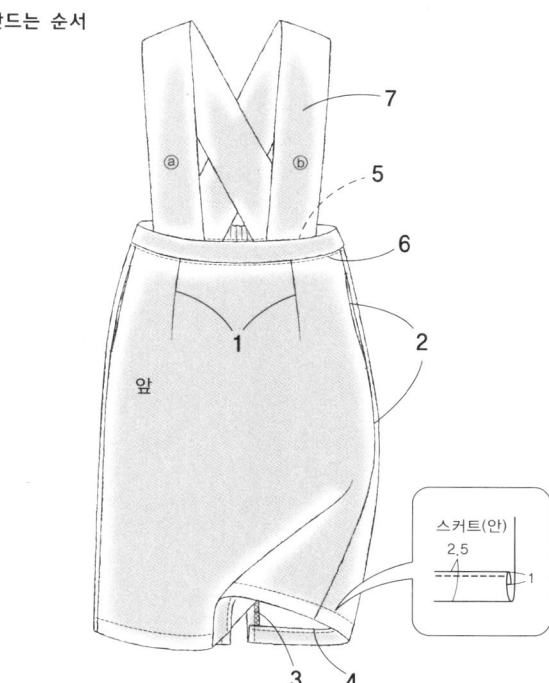

7 스커트에 서스펜더를 만들어 단다

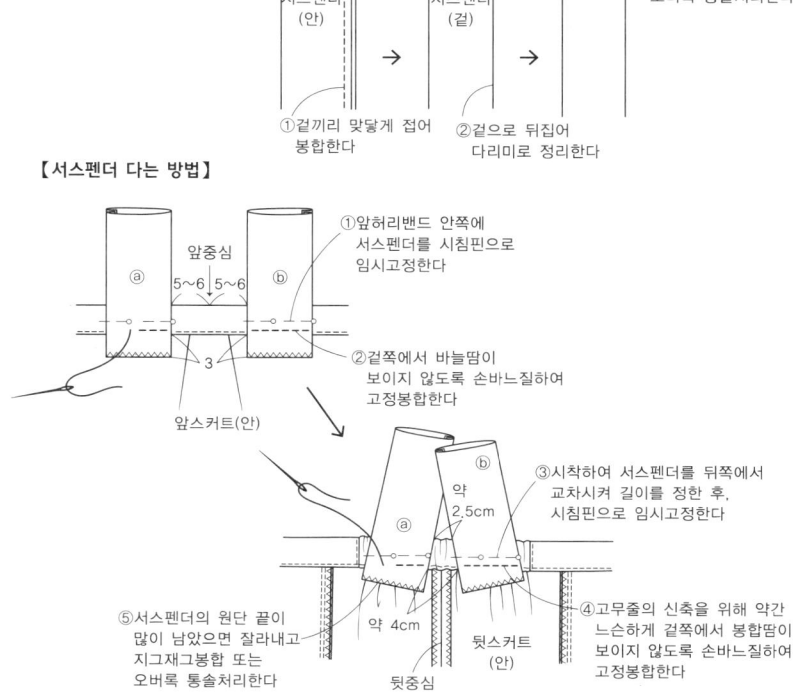

D-3 울 타이트 스커트 ▶ p.40

패턴 (실물크기 패턴 B면)
앞스커트, 뒷스커트, 앞허리밴드
뒤허리밴드, 주머니

완성 사이즈 (7호/9호/11호/13호)
허리둘레 약 65cm / 68cm / 71cm / 74cm
허리둘레(최대) 92cm / 95cm / 98cm / 101cm
엉덩이둘레 106cm / 109cm / 112cm / 115cm
스커트 길이 67cm

재료
겉감(울 플라노 격자무늬) 138cm폭×160cm
배색천(코튼) 50×40cm
접착심(앞허리밴드, 뒷스커트 트임 끝점용) 90cm폭×50cm
소잉테이프 심지(앞스커트 주머니 입구용) 1.2cm폭×40cm
고무줄 3cm폭×7호 45cm / 9호 48cm / 11호 51cm / 13호 54cm

봉합 준비 (→p.80)
· 앞허리밴드, 뒤스커트 트임 끝점의 안쪽면에 접착심을 붙인다
· 앞스커트 주머니 입구의 시접 안쪽면에 소잉테이프 심지를 붙인다
· 스커트의 뒷중심, 옆선, 주머니의 입구 시접에 원단의 겉쪽에서
  지그재그봉제 또는 오버록 처리한다
· 밑단을 두 번 접어 다린다

만드는 방법
1 스커트에 턱을 접는다 (→p.81)
2 주머니를 만들고, 스커트의 옆선을 봉합한다 (→p.81, 84)
　 주머니는 겉감(주머니A)과 배색천(주머니B)을 맞춰 봉합한다
3 스커트의 뒷중심을 봉합하고 트임을 봉합한다 (→p.81)
4 스커트의 밑단을 두 번 접어 상침한다
5 허리밴드의 옆선을 봉합한다 (→p.82)
6 스커트와 허리밴드를 봉합하고, 고무줄을 끼워 넣는다 (→p.82, 84)

재단 배치도
겉감

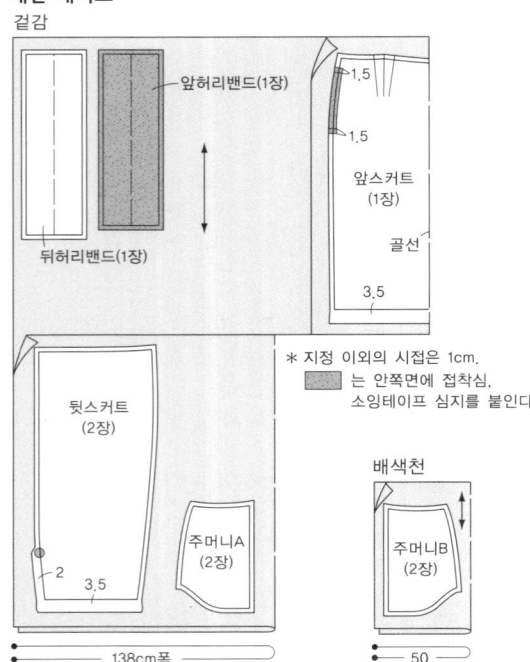

뒤허리밴드(1장)
앞허리밴드(1장)
앞스커트
(1장)
골선
1.5
1.5
3.5
뒷스커트
(2장)
주머니A
(2장)
2
3.5
138cm폭

배색천
주머니B
(2장)
50

＊ 지정 이외의 시접은 1cm.
　는 안쪽면에 접착심,
　소잉테이프 심지를 붙인다

만드는 순서

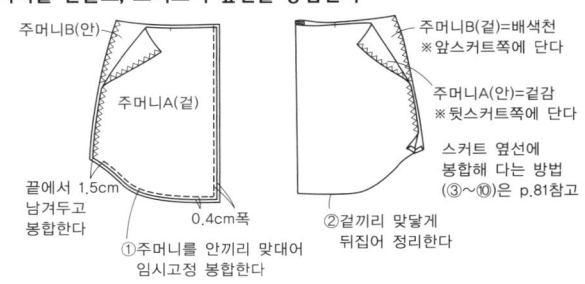

앞　1
2
뒤　3
4
5　6　5

2 주머니를 만들고, 스커트의 옆선을 봉합한다

주머니B(안)
주머니A(겉)
끝에서 1.5cm
남겨두고
봉합한다
0.4cm폭
①주머니를 안끼리 맞대어
　임시고정 봉합한다

주머니B(겉)=배색천
※앞스커트쪽에 단다
주머니A(안)=겉감
※뒷스커트쪽에 단다
스커트 옆선에
봉합해 다는 방법
(③~⑩)은 p.81참고
②겉끼리 맞닿게
　뒤집어 정리한다

6 스커트와 허리밴드를 봉합하고, 고무줄을 끼워 넣는다

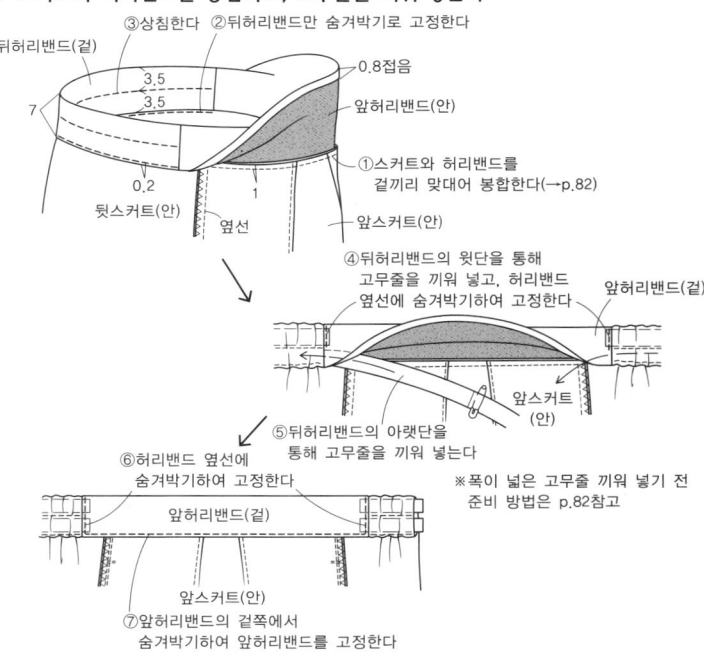

③상침한다　②뒤허리밴드만 숨겨박기로 고정한다
뒤허리밴드(겉)
3.5
3.5
7
0.2
0.8접음
앞허리밴드(안)
뒷스커트(안)
옆선
1
앞스커트(안)
①스커트와 허리밴드를
　겉끼리 맞대어 봉합한다(→p.82)
④뒤허리밴드의 윗단을 통해
　고무줄을 끼워 넣고, 허리밴드
　옆선에 숨겨박기하여 고정한다
앞허리밴드(겉)
앞스커트
(안)
⑤뒤허리밴드의 아랫단을
　통해 고무줄을 끼워 넣는다
⑥허리밴드 옆선에
　숨겨박기하여 고정한다
※폭이 넓은 고무줄 끼워 넣기 전
　준비 방법은 p.82참고
앞허리밴드(겉)
앞스커트(안)
⑦앞허리밴드의 겉쪽에서
　숨겨박기하여 앞허리밴드를 고정한다

E-1 가우초 팬츠 ▶ p.42
E-2 화이트 리넨 팬츠 ▶ p.44

패턴 (실물크기 패턴 D면)
앞팬츠, 뒤팬츠, 앞허리밴드
뒤허리밴드, 앞주머니, 뒷주머니

완성 사이즈 (7호 / 9호 / 11호 / 13호)
허리둘레 약 67cm / 70cm / 73cm / 76cm
허리둘레(최대) 93cm / 96cm / 99cm / 102cm
엉덩이둘레 112.8cm / 115.8cm / 118.8cm / 121.8cm
팬츠 길이 **E-1**=81cm, **E-2**=89.5cm

E-1의 재료
겉감(코튼 트윌) 112cm폭×210cm
접착심(앞허리밴드용) 90cm폭×50cm
소잉테이프 심지(앞팬츠 주머니 입구용) 1.2cm폭×40cm
고무줄 3cm폭×7호 22.5cm / 9호 24cm /
　　　　　　　　11호 25.5cm / 13호 27cm

E-2의 재료
겉감(리넨) 125cm폭×220cm
접착심(앞허리밴드용) 90cm폭×50cm
소잉테이프 심지(앞팬츠 주머니 입구용) 1.2cm폭×40cm
고무줄 3cm폭×7호 22.5cm / 9호 24cm /
　　　　　　　　11호 25.5cm / 13호 27cm

만드는 방법
1 뒤팬츠에 뒷주머니를 만들어 단다 (→p.86)
2 팬츠에 턱을 접는다 (→p.86)
3 앞주머니를 만든다 (→p.87)
4 팬츠의 옆선을 봉합한다 (→p.87)
5 팬츠의 밑아래를 봉합한다 (→p.87)
6 팬츠의 밑단을 두 번 접어 상침한다
7 앞·뒤팬츠의 밑위를 한 번에 이어서 봉합한다 (→p.87)
8 허리밴드의 옆선을 봉합한다 (→p.82)
9 팬츠와 허리밴드를 봉합하고, 고무줄을 끼워 넣는다 (→p.82)

재단 배치도

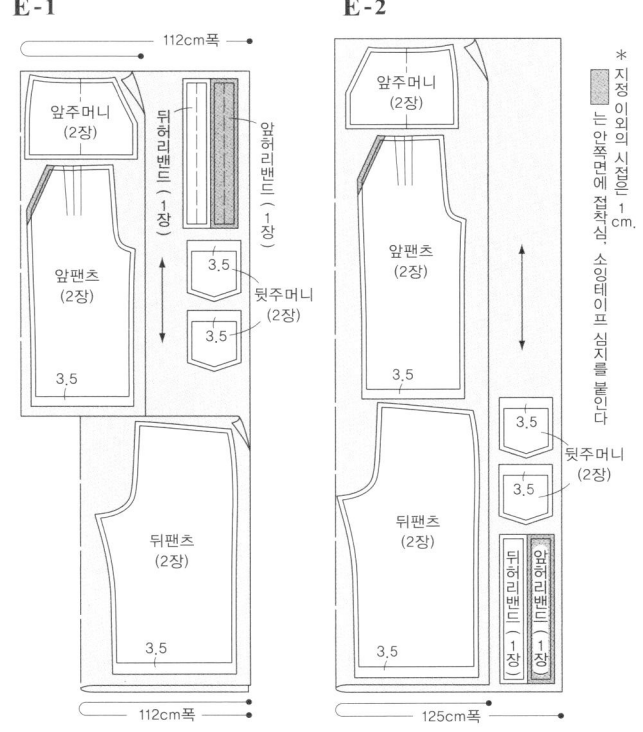

E-1

E-2

＊지정 이외의 시접은 1cm.

■ 는 안쪽면에 접착심. 소잉테이프 심지를 붙인다

봉합 준비
· 앞허리밴드의 안쪽면에 접착심을 붙인다
· 앞팬츠 주머니 입구의 시접 안쪽면에 소잉테이프 심지를 붙인다
· 팬츠의 밑아래, 뒷주머니 입구 시접을 제외한 둘레 시접에 원단 겉쪽에서
　지그재그봉제 또는 오버록 처리한다
· 팬츠의 밑단, 뒷주머니 입구를 두 번 접어 다린다

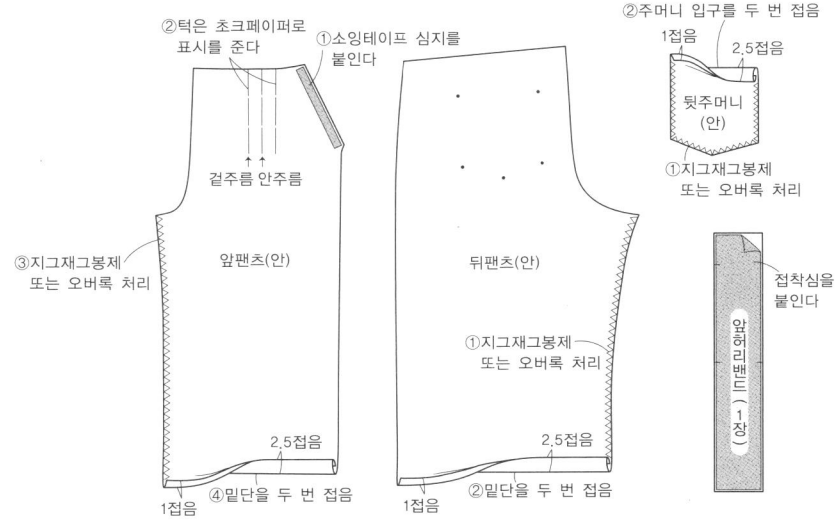

만드는 순서

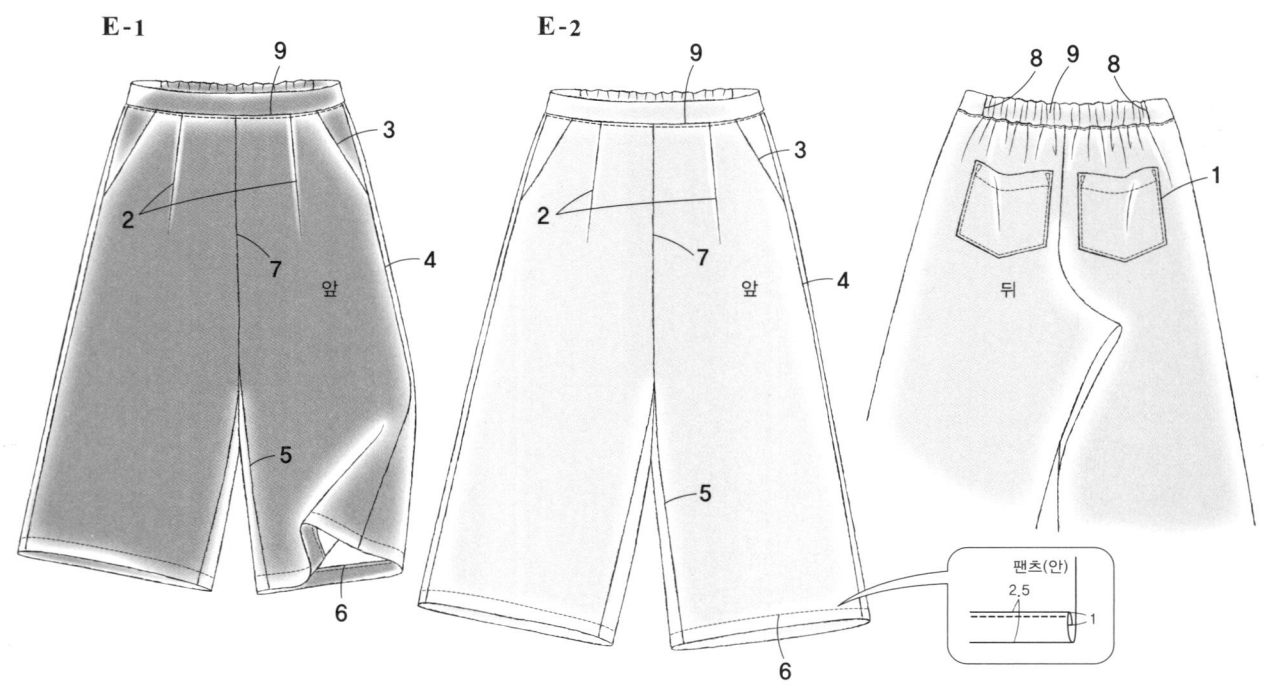

E-1

9
3
2
7
앞
4
5
6

E-2

9
3
2
7
앞
4
5
6

8 9 8
1
뒤

팬츠(안)
2,5
1

1 뒤팬츠에 뒷주머니를 만들어 단다

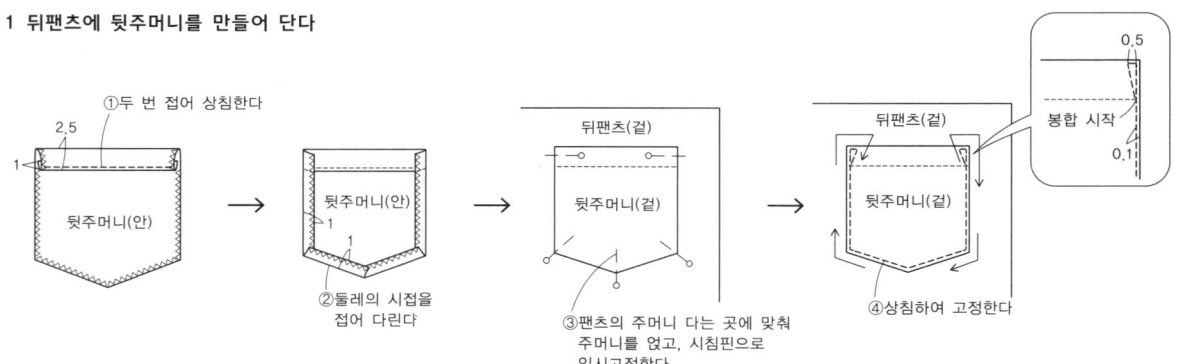

①두 번 접어 상침한다

2,5
1

뒷주머니(안)

뒷주머니(안)
1

②둘레의 시접을 접어 다린다

뒤팬츠(겉)

뒷주머니(겉)

③팬츠의 주머니 다는 곳에 맞춰 주머니를 얹고, 시침핀으로 임시고정한다

0,5
봉합 시작
0,1

뒤팬츠(겉)

뒷주머니(겉)

④상침하여 고정한다

2 팬츠에 턱을 접는다

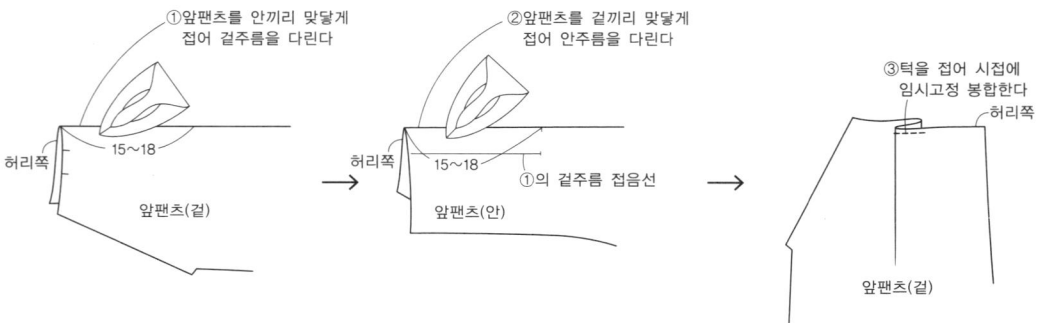

①앞팬츠를 안끼리 맞닿게 접어 겉주름을 다린다

허리쪽
15~18
앞팬츠(겉)

②앞팬츠를 겉끼리 맞닿게 접어 안주름을 다린다

허리쪽
15~18
앞팬츠(안)
①의 겉주름 접음선

③턱을 접어 시접에 임시고정 봉합한다
허리쪽

앞팬츠(겉)

3 앞주머니를 만든다 (아래의 3~5 과정은 오른쪽 바지 제작과정으로, 왼쪽은 대칭이 되도록 만든다)

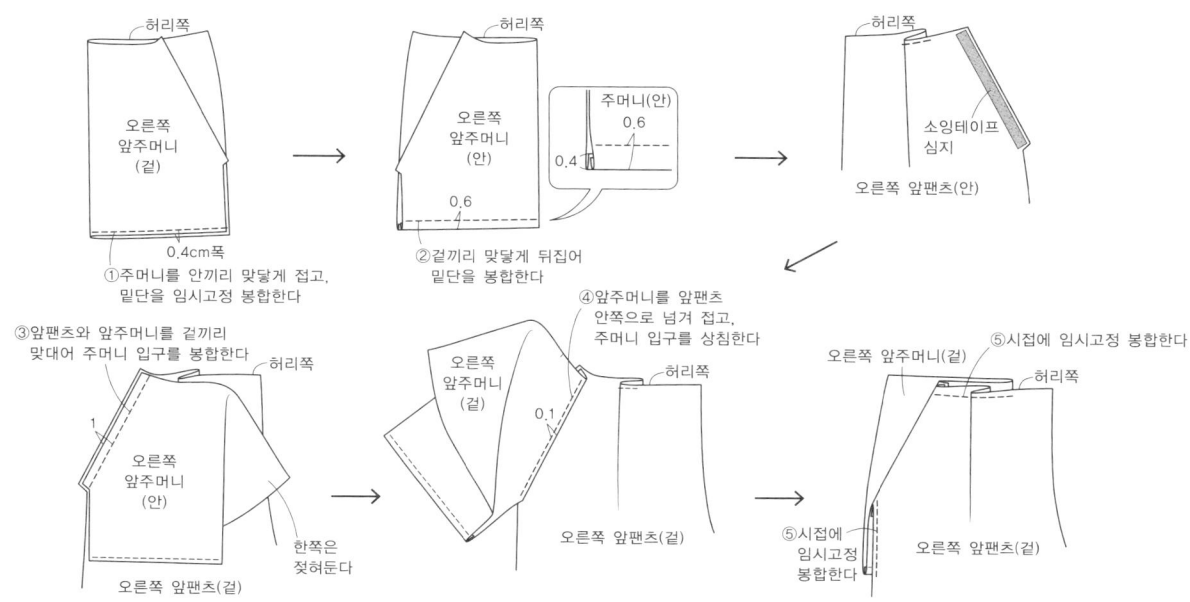

허리쪽

오른쪽
앞주머니
(겉)

0.4cm폭

①주머니를 안끼리 맞닿게 접고,
밑단을 임시고정 봉합한다

허리쪽

오른쪽
앞주머니
(안)

0.6

주머니(안)
0.6
0.4

②겉끼리 맞닿게 뒤집어
밑단을 봉합한다

허리쪽

소잉테이프
심지

오른쪽 앞팬츠(안)

③앞팬츠와 앞주머니를 겉끼리
맞대어 주머니 입구를 봉합한다

허리쪽

1

오른쪽
앞주머니
(안)

오른쪽 앞팬츠(겉)

오른쪽
앞주머니
(겉)

0.1

한쪽은
젖혀둔다

오른쪽 앞팬츠(겉)

④앞주머니를 앞팬츠
안쪽으로 넘겨 접고,
주머니 입구를 상침한다

허리쪽

오른쪽 앞주머니(겉)

허리쪽

⑤시접에 임시고정 봉합한다

⑤시접에
임시고정
봉합한다

오른쪽 앞팬츠(겉)

4 팬츠의 옆선을 봉합한다

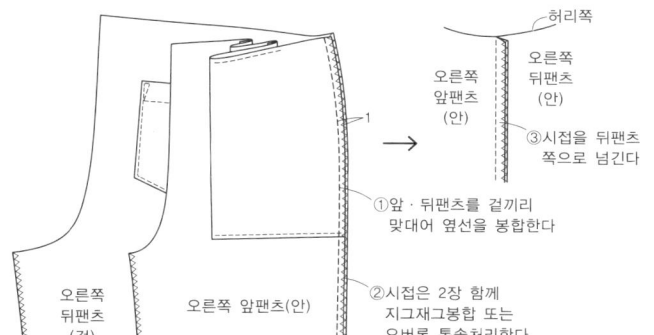

오른쪽
뒤팬츠
(겉)

오른쪽 앞팬츠(안)

1

①앞·뒤팬츠를 겉끼리
맞대어 옆선을 봉합한다

②시접은 2장 함께
지그재그봉합 또는
오버록 통솔처리한다

허리쪽

오른쪽
앞팬츠
(안)

오른쪽
뒤팬츠
(안)

③시접을 뒤팬츠
쪽으로 넘긴다

5 팬츠의 밑아래를 봉합한다

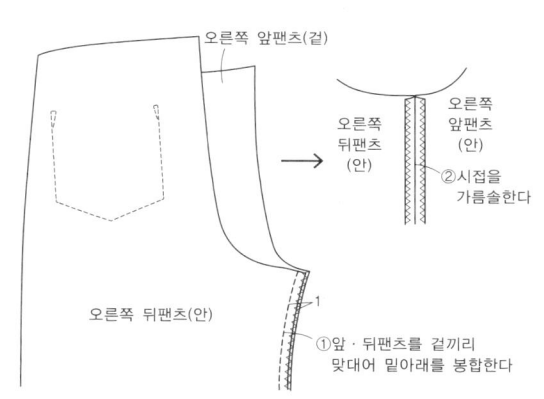

오른쪽 앞팬츠(겉)

오른쪽 뒤팬츠(안)

오른쪽
뒤팬츠
(안)

오른쪽
앞팬츠
(안)

②시접을
가름솔한다

1

①앞·뒤팬츠를 겉끼리
맞대어 밑아래를 봉합한다

7 앞·뒤팬츠의 밑위를 한 번에 이어서 봉합한다

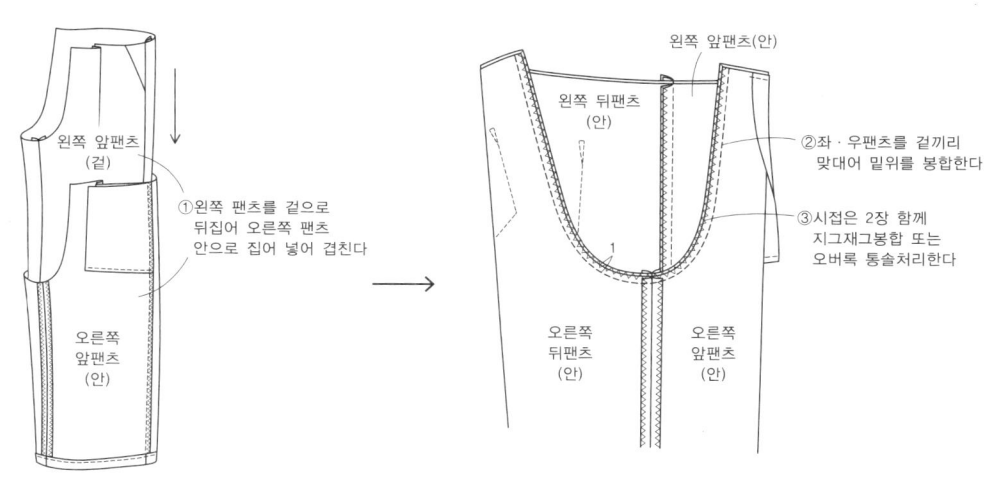

왼쪽 앞팬츠
(겉)

오른쪽
앞팬츠
(안)

①왼쪽 팬츠를 겉으로
뒤집어 오른쪽 팬츠
안으로 집어 넣어 겹친다

왼쪽 앞팬츠(안)

왼쪽 뒤팬츠
(안)

②좌·우팬츠를 겉끼리
맞대어 밑위를 봉합한다

③시접은 2장 함께
지그재그봉합 또는
오버록 통솔처리한다

1

오른쪽
뒤팬츠
(안)

오른쪽
앞팬츠
(안)

E-3 앞주름 팬츠 ▶ p.45

패턴 (실물크기 패턴 D면)
앞팬츠, 뒤팬츠, 앞허리밴드, 뒤허리밴드,
앞주머니, 뒷주머니

완성 사이즈 (7호 / 9호 / 11호 / 13호)
허리둘레 약 67cm / 70cm / 73cm / 76cm
허리둘레(최대) 93cm / 96cm / 99cm / 102cm
엉덩이둘레 112.8cm / 115.8cm / 118.8cm / 121.8cm
팬츠 길이 99.5cm

재료
겉감(폴리에스테르 레이온) 146cm폭×250cm
접착심(앞허리밴드용) 90cm폭×50cm
소잉테이프 심지(앞팬츠 주머니 입구용) 1.2cm폭×40cm
고무줄 2.5cm폭×7호 22.5cm / 9호 24cm /
　　　　　　 11호 25.5cm / 13호 27cm

만드는 방법
1 뒤팬츠에 뒷주머니를 만들어 단다 (→p.86)
2 앞·뒤팬츠의 중심에 주름을 잡고,
　 턱을 접는다 (→p.89)
3 앞주머니를 만든다 (→p.87)
4 팬츠의 옆선을 봉합한다 (→p.87)
5 팬츠의 밑아래를 봉합한다 (→p.87)
6 팬츠의 밑단을 상침하고, 밑단을 위로 접어 올린다 (→p.89)
7 앞·뒤팬츠의 밑위를 한 번에 이어서 봉합한다 (→p.87)
8 허리밴드의 옆선을 봉합한다 (→p.82)
9 팬츠와 허리밴드를 봉합하고, 고무줄을 끼워 넣는다 (→p.82)

봉합 준비
· 앞허리밴드의 안쪽면에 접착심을 붙인다
· 앞팬츠 주머니 입구의 시접 안쪽면에 소잉테이프 심지를 붙인다
· 팬츠의 밑아래, 뒷주머니 입구를 제외한 둘레의 시접에 원단의 겉쪽에서
　지그재그봉제 또는 오버록 처리한다
· 뒷주머니 입구를 두 번 접어 다린다

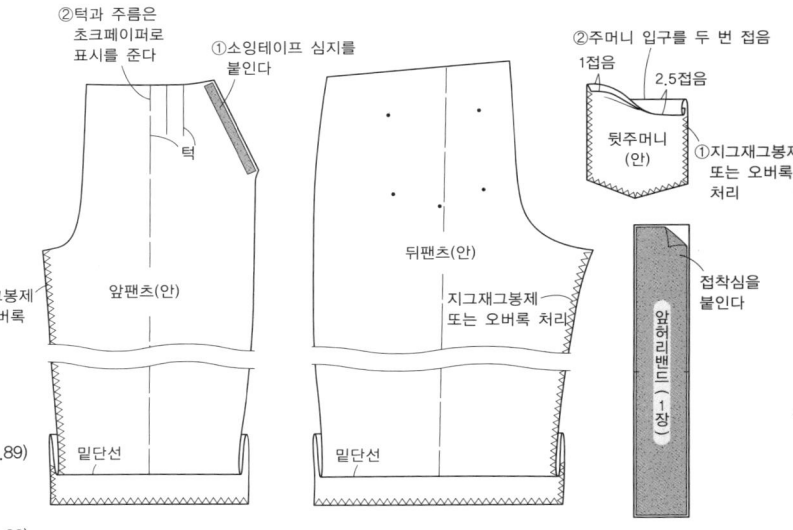

재단 배치도

앞팬츠
(2장)

앞주머니
(2장)

3.5　3.5

뒷주머니
(2장)

뒤허리
밴드
(1장)

앞허리
밴드
(1장)

뒤팬츠
(2장)

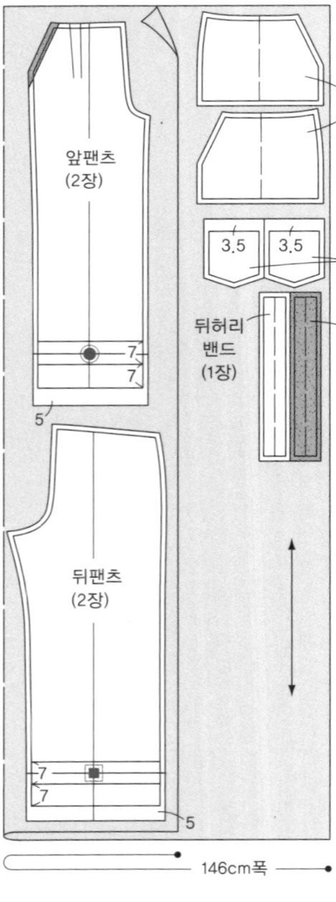

＊ 지정 이외의 시접은 1cm. 는 안쪽면에 접착심. 소잉테이프 심지를 붙인다

←─── 146cm폭 ───→

만드는 순서

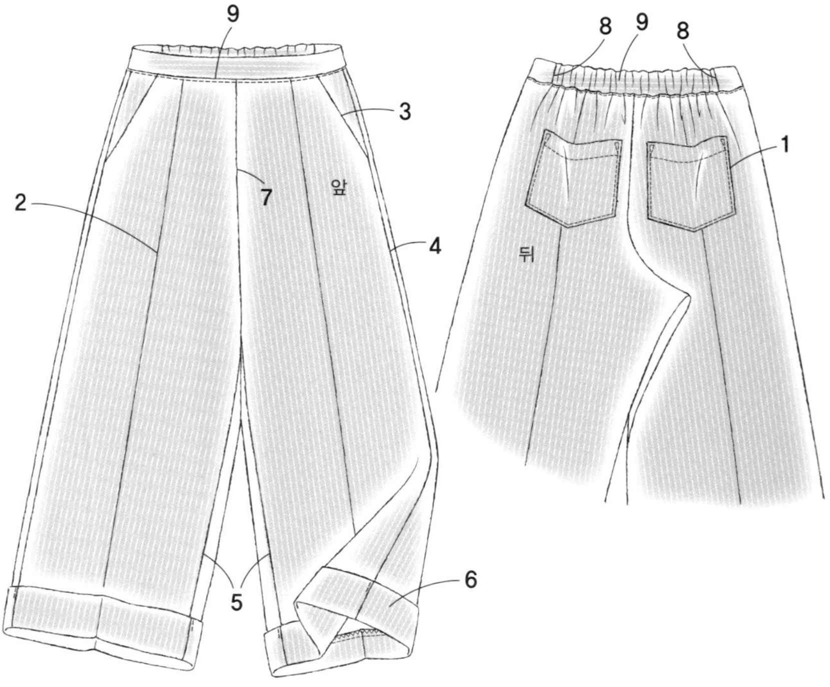

2 앞·뒤팬츠의 중심에 주름을 잡고, 턱을 접는다

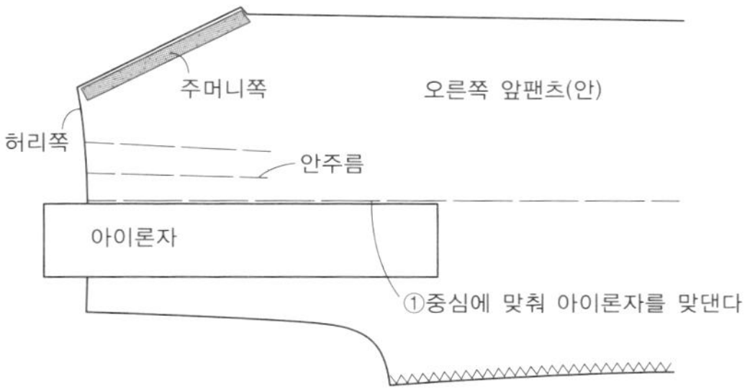

주머니쪽
오른쪽 앞팬츠(안)
허리쪽
안주름
아이론자
①중심에 맞춰 아이론자를 맞댄다

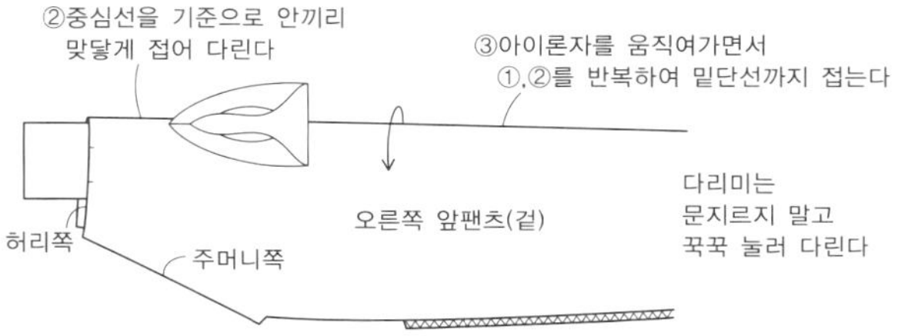

②중심선을 기준으로 안끼리
맞닿게 접어 다린다
③아이론자를 움직여가면서
①·②를 반복하여 밑단선까지 접는다
허리쪽
주머니쪽
오른쪽 앞팬츠(겉)
다리미는
문지르지 말고
꾹꾹 눌러 다린다

※뒤팬츠도 같은 방법으로 밑단에서
뒷주머니의 아래 끝까지 중심에 주름을 잡는다

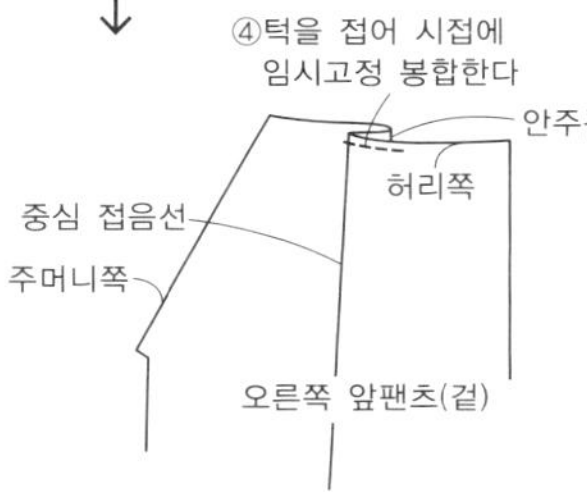

④턱을 접어 시접에
임시고정 봉합한다
안주름
중심 접음선
주머니쪽
허리쪽
오른쪽 앞팬츠(겉)

6 팬츠의 밑단을 상침하고, 밑단을 위로 접어 올린다

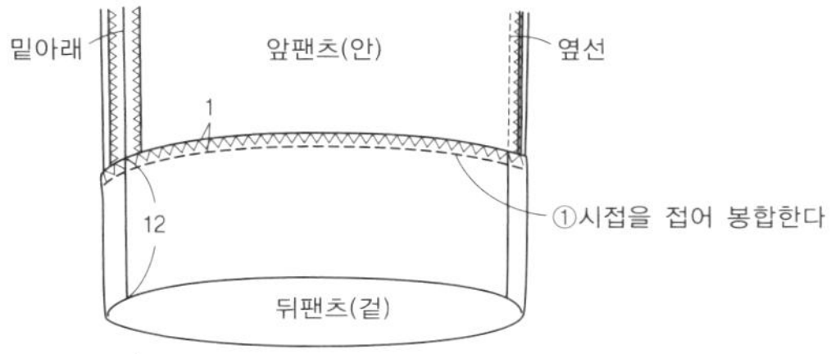

밑아래
앞팬츠(안)
옆선
1
12
①시접을 접어 봉합한다
뒤팬츠(겉)

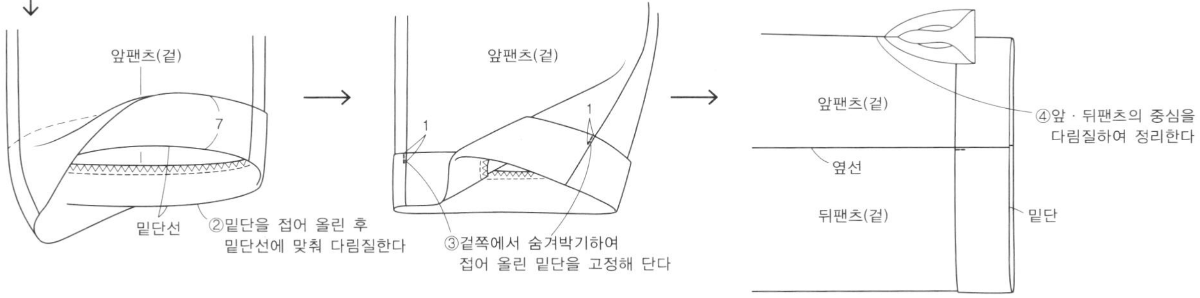

앞팬츠(겉)
7
밑단선
②밑단을 접어 올린 후
밑단선에 맞춰 다림질한다

앞팬츠(겉)
1
1
③겉쪽에서 숨겨박기하여
접어 올린 밑단을 고정해 단다

앞팬츠(겉)
옆선
뒤팬츠(겉)
밑단
④앞·뒤팬츠의 중심을
다림질하여 정리한다

❗ POINT
시접 넘기는 방법

2장의 원단을 함께 봉합했을 때 시접 넘기는 방법은 [가름
솔]과 [한쪽으로 넘기기]의 두 가지 방법이 있습니다.
두 가지 방법 모두 스팀을 사용하지 않고 다림질하며, 다리
미의 끝과 가장자리를 잘 사용하여 깔끔하게 마무리합니다.

● **가름솔…시접의 두께를 얇게 마무리할 수 있다**

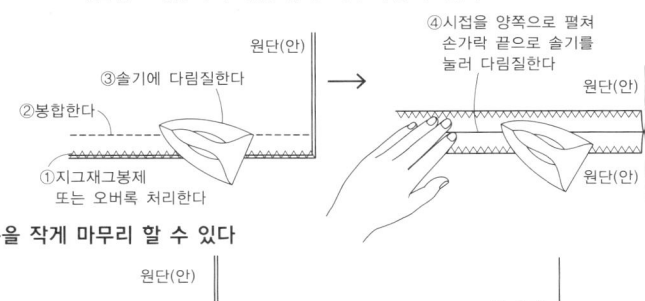

원단(안)
③솔기에 다림질한다
②봉합한다
①지그재그봉제
또는 오버록 처리한다

④시접을 양쪽으로 펼쳐
손가락 끝으로 솔기를
눌러 다림질한다
원단(안)
원단(안)

● **한쪽으로 넘기기…시접을 2장 함께 처리하여 시접폭을 작게 마무리 할 수 있다**

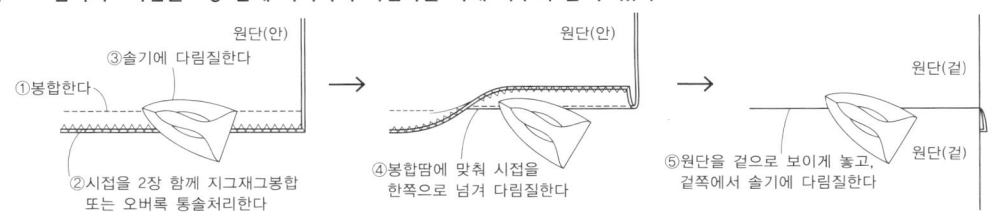

원단(안)
③솔기에 다림질한다
①봉합한다
②시접을 2장 함께 지그재그봉합
또는 오버록 통솔처리한다

원단(안)
④봉합땀에 맞춰 시접을
한쪽으로 넘겨 다림질한다

원단(겉)
원단(겉)
⑤원단을 겉으로 보이게 놓고,
겉쪽에서 솔기에 다림질한다

E-4 도트 무늬 팬츠 ▶ p.46

패턴 (실물크기 패턴 D면)
앞팬츠, 뒤팬츠, 앞주머니, 뒷주머니
※앞허리밴드와 뒤허리밴드는 재단 배치도에 기재된 치수로
　직접 제도하여 사용합니다

완성 사이즈 (7호 / 9호 / 11호 / 13호)
허리둘레 약 65cm / 68cm / 71cm / 74cm
허리둘레(최대) 104cm / 107cm / 110cm / 113cm
엉덩이둘레 112.8cm / 115.8cm / 118.8cm / 121.8cm
팬츠 길이 99.5cm

재료
겉감(폴리에스테르 도트 무늬 프린트) 108cm폭×250cm
소잉테이프 심지(앞팬츠 주머니 입구용) 1.2cm폭×40cm
고무줄 0.6cm폭×7호 136cm / 9호 142cm /
　　　　　　　　　11호 148cm / 13호 154cm

만드는 방법
1 뒤팬츠에 뒷주머니를 만들어 단다 (→p.86)
2 앞주머니를 만든다 (→p.87)
3 팬츠의 옆선을 봉합한다 (→p.87)
4 팬츠의 밑아래를 봉합한다 (→p.87)
5 팬츠의 밑단을 두 번 접어 상침한다
6 앞·뒤팬츠의 밑위를 한 번에 이어서 봉합한다 (→p.87)
7 허리밴드의 옆선을 봉합한다 (→p.91)
8 팬츠와 허리밴드를 봉합하고, 고무줄을 끼워 넣는다 (→p.91)

재단 배치도

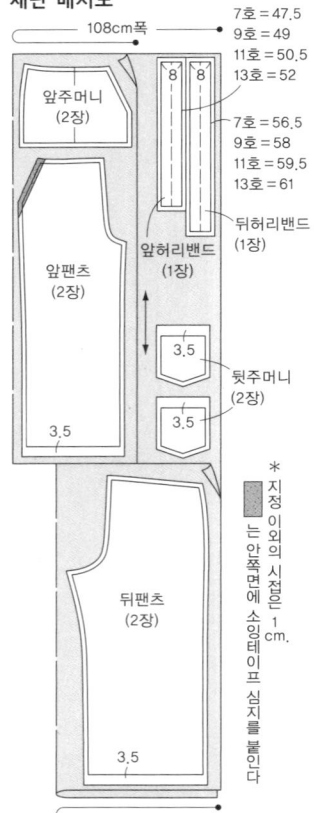

7호 = 47.5
9호 = 49
11호 = 50.5
13호 = 52

7호 = 56.5
9호 = 58
11호 = 59.5
13호 = 61

앞주머니
(2장)

뒤허리밴드
(1장)

앞허리밴드
(1장)

앞팬츠
(2장)

3.5

3.5

3.5

뒷주머니
(2장)

뒤팬츠
(2장)

3.5

108cm폭

＊지정 이외의 시접은 1cm. ▨는 안쪽면에 소잉테이프 심지를 붙인다

봉합 준비
· 앞팬츠 주머니 입구의 시접 안쪽면에 소잉테이프 심지를 붙인다
· 팬츠의 밑아래, 뒷주머니 입구를 제외한 둘레의 시접에 원단의 겉쪽에서
　지그재그봉제 또는 오버록 처리한다
· 팬츠의 밑단, 뒷주머니 입구를 두 번 접어 다린다

①접음
②주머니 입구를 두 번 접음
2.5접음
뒷주머니
(안)
①지그재그봉제
또는 오버록 처리

①소잉테이프
심지를 붙인다

오른쪽 앞팬츠(안)

②지그재그봉제
또는 오버록 처리

오른쪽 뒤팬츠(안)

①지그재그봉제
또는 오버록 처리

2.5접음

1접음
③밑단을 두 번 접음

2.5접음

1접음
②밑단을 두 번 접음

만드는 순서

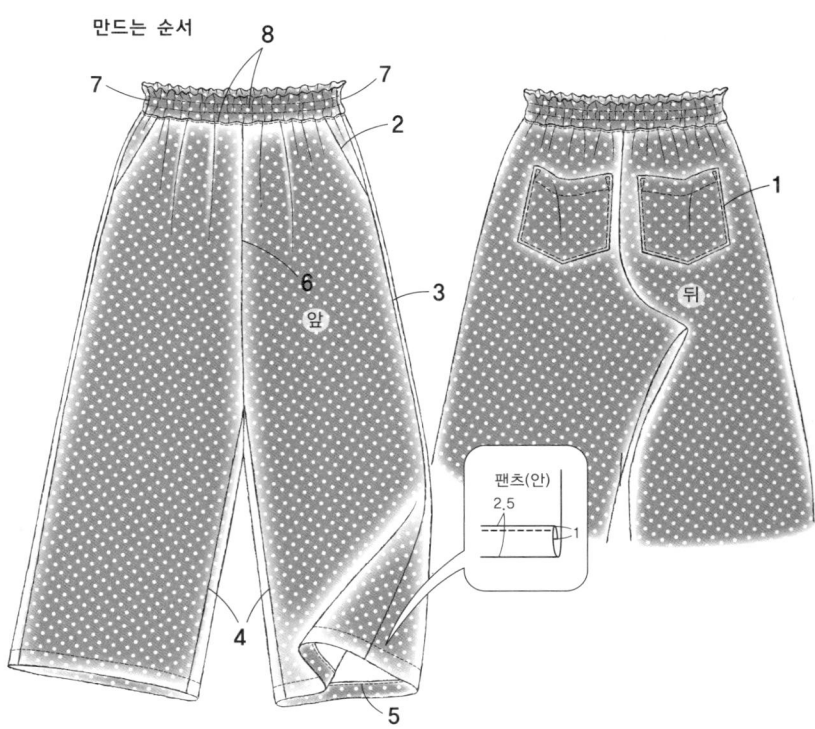

8
7   7
2
6   3
앞
4
5
1
뒤

팬츠(안)
2.5
1

90

7 허리밴드의 옆선을 봉합한다

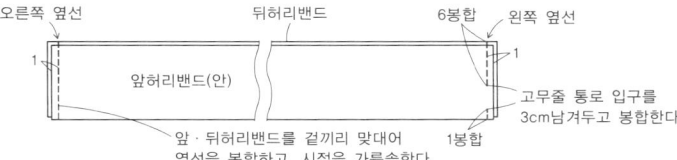

오른쪽 옆선　　　　뒤허리밴드　　　　6봉합　왼쪽 옆선

앞허리밴드(안)

1

고무줄 통로 입구를
3cm남겨두고 봉합한다

1봉합

앞·뒤허리밴드를 겉끼리 맞대어
옆선을 봉합하고, 시접을 가름솔한다

8 팬츠와 허리밴드를 봉합하고, 고무줄을 끼워 넣는다

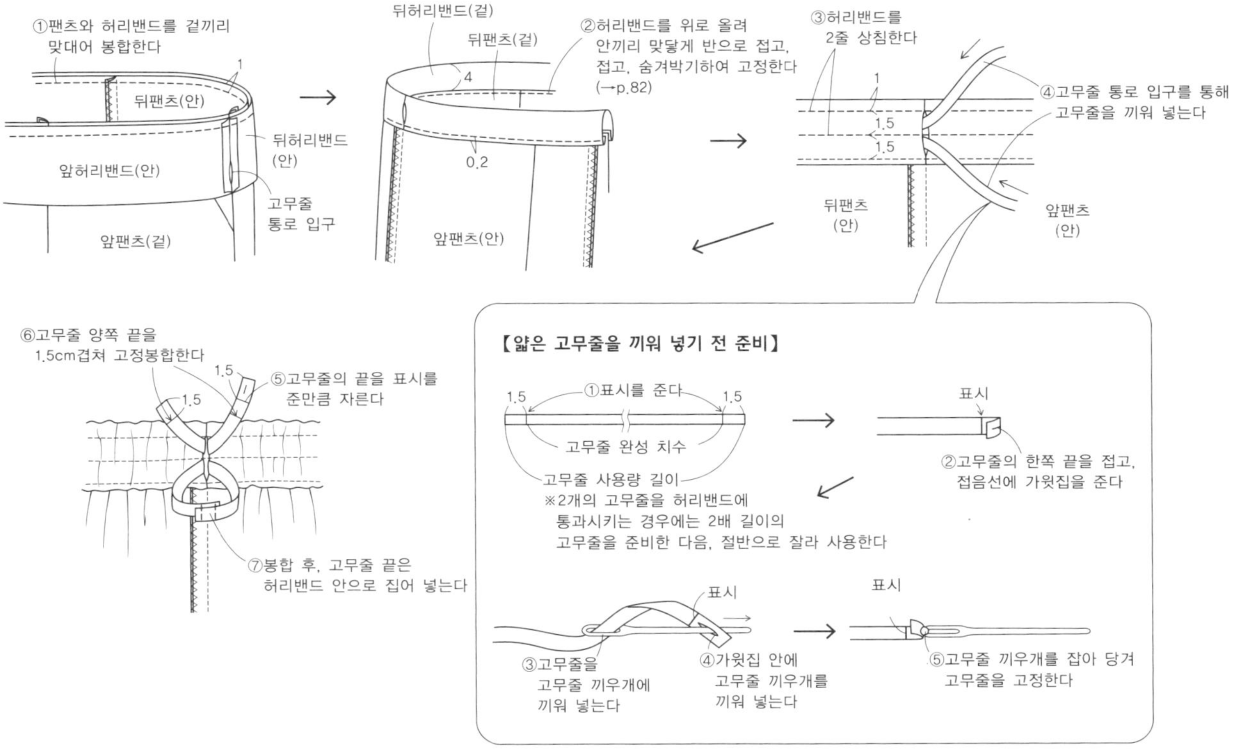

①팬츠와 허리밴드를 겉끼리
맞대어 봉합한다

1

뒤팬츠(안)

앞허리밴드(안)

뒤허리밴드
(안)

고무줄
통로 입구

앞팬츠(겉)

②허리밴드를 위로 올려
안끼리 맞닿게 반으로 접고,
접고, 숨겨박기하여 고정한다
(→p.82)

뒤허리밴드(겉)

뒤팬츠(겉)

4

0.2

앞팬츠(안)

③허리밴드를
2줄 상침한다

1

1.5

1.5

④고무줄 통로 입구를 통해
고무줄을 끼워 넣는다

뒤팬츠
(안)

앞팬츠
(안)

⑥고무줄 양쪽 끝을
1.5cm겹쳐 고정봉합한다

1.5

1.5

⑤고무줄의 끝을 표시를
준만큼 자른다

⑦봉합 후, 고무줄 끝은
허리밴드 안으로 집어 넣는다

【얇은 고무줄을 끼워 넣기 전 준비】

1.5　①표시를 준다　1.5

고무줄 완성 치수

고무줄 사용량 길이

※2개의 고무줄을 허리밴드에
통과시키는 경우에는 2배 길이의
고무줄을 준비한 다음, 절반으로 잘라 사용한다

표시

②고무줄의 한쪽 끝을 접고,
접음선에 가윗집을 준다

③고무줄을
고무줄 끼우개에
끼워 넣는다

표시

④가윗집 안에
고무줄 끼우개를
끼워 넣는다

표시

⑤고무줄 끼우개를 잡아 당겨
고무줄을 고정한다

❗ POINT
● 얇은 원단을 실패없이 봉합하는 방법

미끄럽고 얇은 원단(예를 들면 E-4에서 사용한 폴리에스테르)이나 안감은 봉합 시 주의해야 합니다. 그대로 봉합하면 원단이 어긋나게 봉합되거나 바늘땀이 뜨기 때문에 봉합할 가장자리는 원단 아래에 종이를 깔고 함께 봉합하면 좋습니다. 또한, 이 방법은 원단이 쉽게 미끄러지지 않고 안정감있게 봉합할 수 있도록 도와줍니다. 종이는 남은 패턴지로 대체하고 패턴지를 2cm폭으로 길고 가늘게 잘라 가볍게 물을 뿌린 다음, 다림질하여 빳빳하게 만들어(봉합 후, 제거하기 쉽도록) 사용합니다. 봉합이 끝난 후, 패턴지 쪽에서 다림질을 하고 봉합땀의 바깥쪽을 천천히 뜯어냅니다.

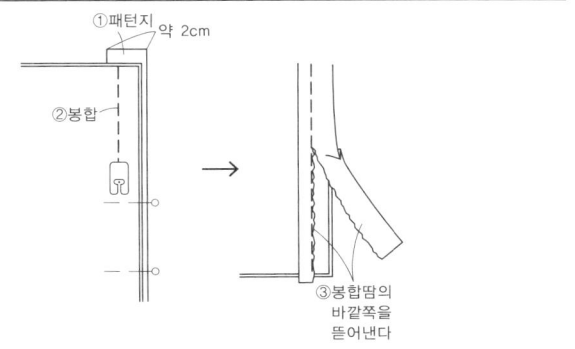

①패턴지　약 2cm

②봉합

③봉합땀의
바깥쪽을
뜯어낸다

E-5 사이드 라인 팬츠 ▶ p.48

패턴 (실물크기 패턴 D면)
앞팬츠, 뒤팬츠, 앞허리밴드, 뒤허리밴드,
앞주머니, 뒷주머니

완성 사이즈
E-3과 동일함 (→p.88)

재료
겉감(데님) 116cm폭×250cm
접착심(앞허리밴드용) 90cm폭×50cm
소잉테이프 심지(앞팬츠 주머니 입구용)
　　　　　　1.2cm폭×40cm
고무줄 3cm폭×7호 22.5cm / 9호 24cm /
　　　　11호 25.5cm / 13호 27cm
테이프 3cm폭×210cm
파이핑 테이프 1cm폭×140cm

만드는 방법
1 뒤팬츠에 뒷주머니를 만들어 단다 (→p.86)
2 팬츠에 턱을 접는다 (→p.86)
3 앞주머니를 만든다 (→p.87)
　주머니 입구에 파이핑 테이프를 봉합해 단다
4 팬츠의 옆선을 봉합하고,
　테이프를 봉합해 단다 (→p.92)
5 팬츠의 밑아래를 봉합한다 (→p.87)
6 팬츠의 밑단을 두 번 접어 상침한다
7 앞·뒤팬츠의 밑위를 한 번에 이어서 봉합한다 (→p.87)
8 허리밴드의 옆선을 봉합한다 (→p.82)
9 팬츠와 허리밴드를 봉합하고,
　고무줄을 끼워 넣는다 (→p.82, 92)

재단 배치도

봉합 준비(→p.85)
· 앞허리밴드의 안쪽면에 접착심을 붙인다
· 앞팬츠 주머니 입구의 시접 안쪽면에 소잉테이프 심지를 붙인다
· 팬츠의 밑아래, 뒷주머니 입구를 제외한 둘레의 시접에 원단의 겉쪽에서
　지그재그봉제 또는 오버록 처리한다
· 팬츠의 밑단, 뒷주머니 입구를 두 번 접어 다린다

만드는 순서

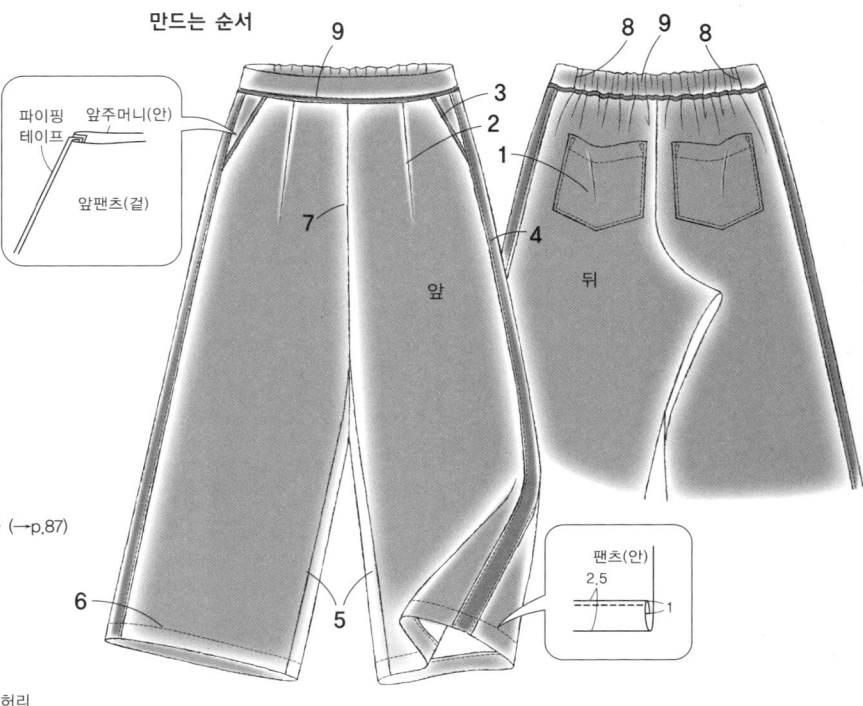

4 팬츠의 옆선을 봉합하고, 테이프를 봉합해 단다

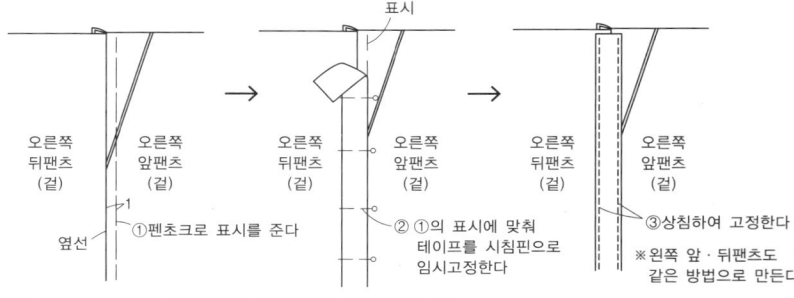

9 팬츠와 허리밴드를 봉합하고, 고무줄을 끼워 넣는다

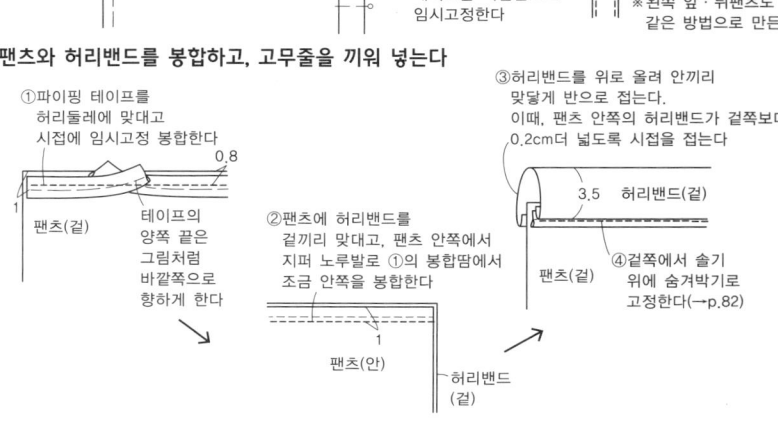

E-6 코듀로이 팬츠 ▶ p.49

패턴 (실물크기 패턴 D면)
앞팬츠, 뒤팬츠, 앞허리밴드, 뒤허리밴드,
앞주머니, 뒷주머니

완성 사이즈
E-3과 동일함(→p.88)

재료
겉감(코듀로이) 108cm폭×250cm
접착심(앞허리밴드용) 90cm폭×50cm
소잉테이프 심지(앞팬츠 주머니 입구용) 1.2cm폭×40cm
고무줄 3cm폭×7호 22.5cm / 9호 24cm /
　　　　　　　11호 25.5cm / 13호 27cm

만드는 방법
1 뒤팬츠에 뒷주머니를 만들어 단다 (→p.86)
2 팬츠에 턱을 접는다 (→p.86)
3 앞주머니를 만든다 (→p.87)
4 팬츠의 옆선을 봉합한다 (→p.87)
5 팬츠의 밑아래를 봉합한다 (→p.87)
6 밑단을 두 번 접어 상침한다
7 앞·뒤팬츠의 밑위를 한 번에 이어서 봉합한다 (→p.87)
8 허리밴드의 옆선을 봉합한다 (→p.82)
9 팬츠와 허리밴드를 봉합하고,
　고무줄을 끼워 넣는다 (→p.82)

재단 배치도

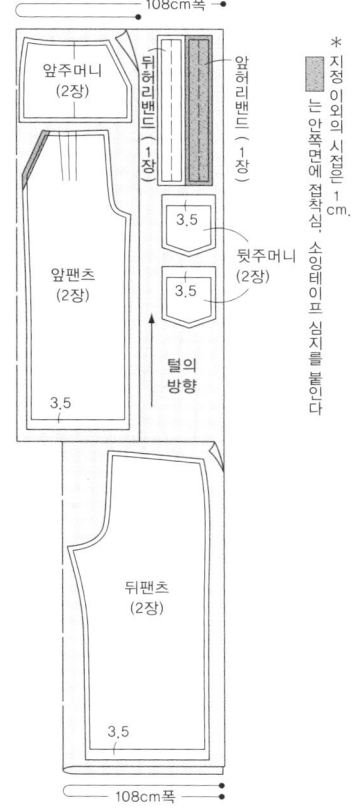

봉합 준비(→p.85)
· 앞허리밴드의 안쪽면에 접착심을 붙인다
· 앞팬츠 주머니 입구의 시접 안쪽면에 소잉테이프 심지를 붙인다
· 팬츠의 밑아래, 뒷주머니 입구를 제외한 둘레의 시접에 원단의 겉쪽에서
　지그재그봉제 또는 오버록 처리한다
· 팬츠의 밑단, 뒷주머니 입구를 두 번 접어 다린다

만드는 순서

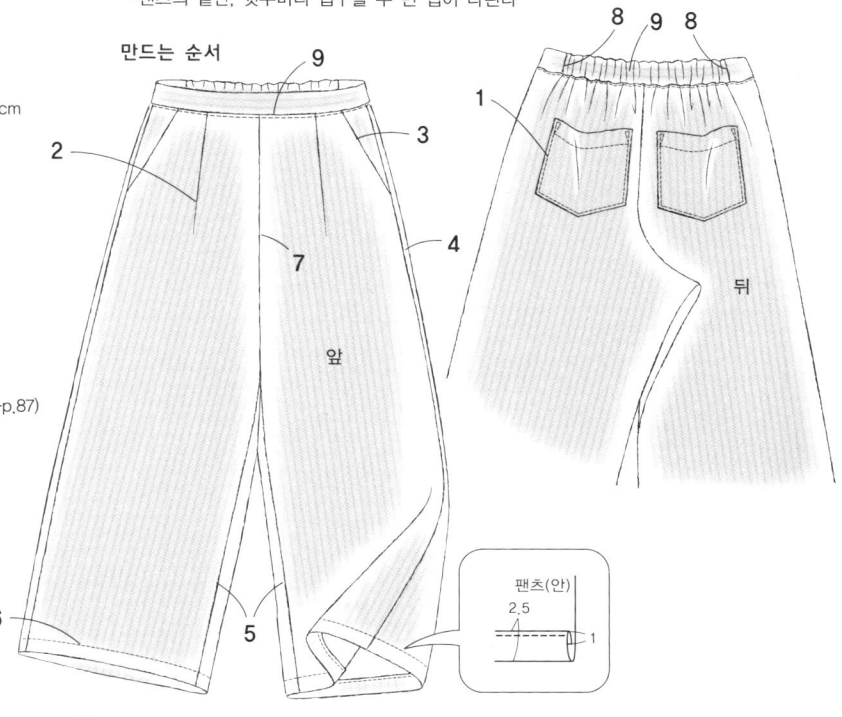

! POINT
코듀로이나 벨벳은 역모방향으로 재단합니다

● 털이 나있는 방향
털이 나있는 원단은 재단하기 전에 원단의 겉쪽에서 식서방향으로 위아래로 쓰다듬어 털이 나있는 방향을 확인합니다. 원단 안쪽면에 펜촉크로 털이 나있는 방향을 화살표로 표시해둡니다.

● 패턴 배치하는 방법
쓰다듬은 털과 역모는 완성되었을 때의 색상이 다릅니다. 일반적으로는 진한 색상이 되는 역모로 원단을 놓고, 올방향의 화살표가 한쪽 방향으로 맞춰지도록 패턴을 배치합니다.

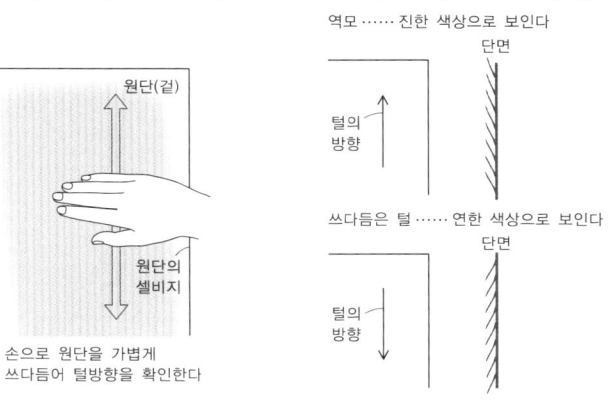

사토 카나 Kana Sato

스타일리스트.
도쿄 출생. 메이지대학 문학부 프랑스 문학 전공으로 졸업한 뒤, 스타일리스트 우메야마 히로코씨에게 스타일링을 배우기 시작했다. 그 후 독립하여 잡지 광고 등을 중심으로 활약하고 있다. 재봉을 좋아하는 것으로 알려져 있으며, 잡지나 워크숍에서 소개하는 그녀의 핸드메이드 옷은 뛰어난 센스로 사람들에게 좋은 반응을 얻고 있다. 저서로는 [사토 카나의 간단하게 만들어 입을 수 있는 일상복], [사토 카나가 만드는 여자아이에게 입히고 싶은 일상복], [사토 카나의 가장 입고 싶은 니트]가 있다.

스타일링이 쉬운
핸드메이드 여성복 II

초판 1쇄 인쇄 2017년 07월 28일
초판 1쇄 발행 2017년 08월 04일

발행인	정용효
기획	이슬희, 현보경, 정다은
번역	손수현
편집	최지선
인쇄	웰컴P&P

신고번호	제2016-000002호
신고일자	2016년 01월 26일
발행처	주)핸디스 소잉스토리
	광주광역시 북구 서암대로 133 (신안동), 3층

대표전화	062_513_8957
팩스	062_522_8827
문의전화	070_8893_9218
홈페이지	www.sewingstory.com

ISBN	979-11-88062-07-2 13590
판매가	15,000원

발행인	大沼 淳
북 디자인	林 瑞穂
촬영(인물)	田村昌裕(FREAKS)
촬영(정물)	横田裕美子(studio banban)
스타일링	佐藤かな
헤어&메이크업	吉川陽子
패턴	芳我佳恵
제작 협력	佐藤明子
만드는 순서 설명	山村範子
추적	day studio ダイラクサトミ
패턴 그레이딩	上野和博
패턴 추적	アズワン(白井史子)
검토	向井雅子、久松悠子
편집	薫森亮子(p.1~56)
	大沢洋子(文化出版局)

STYLIST SATO KANA NO SIMPLE PATTERN DE TOKOTON TANOSHIMU
FUKUZUKURI by Kana Sato

※ 잘못 인쇄된 책은 구입처에서 교환해 드립니다.
※ 소잉스토리는 소잉 D.I.Y 취미실용서를 출간합니다.
※ 이 제작물은 아모레퍼시픽의 아리따글꼴을 사용하여 디자인 하였습니다.

이 도서의 국립중앙도서관 출판예정도서목록(CIP)은 서지정보유통지원시스템 홈페이지(http://seoji.nl.go.kr)와 국가자료공동목록시스템(http://www.nl.go.kr/kolisnet)에서 이용하실 수 있습니다. (CIP제어번호:CIP2017018249)